JN441522

거리로 나오게 된 의대생

NOT FOR US JUST FOR ALL

김보규 외 70인 지음

| 추천사 | 진실의 메아리

의과대학 학생들이 교정을 버리고 거리로 나섰습니다.

학생의 신분으로도 도저히 용납할 수 없는 일들이 연이어 일어났고, 제자를 올바른 길로 인도하고 가르치는 교육자의 입장에서 역시 실망과 자괴감은 이루 말할 수 없었습니다.

교정을 버리고 길거리로 나선 의과대학 학생들이 '거리로 나오게된 의대생'이라는 책자를 발간하였습니다. 유명한 문필가의 작품이 아니었고 어딘가 부족하고 세련되지 못한 걸음마 아마추어 작가의 책자이었습니다. 섬세하고 화려하지 않았지만, 순수한 젊은 학생들의 '진실'을 알리고자 하는 메아리였습니다.

'진실의 메아리'는 정부를 향한 것이 아니었고, 의료계를 겨냥한 것 또한 아니었습니다. 오로지 우리 대한민국의 건강한 의료 환경을 마련하자는 목소리였습니다.

지역 간 의료격차, 필수 비인기 전공과목 인력 부족 등과 같은 문제 인식에 충분히 공감합니다만, 공공의대 설립과 같은 의료 정책은 하루 이틀이 아닌 장기적인 관점에서 꾸준한 관심과 참여를 통해 이루어져야 한다고 봅니다.

비록 완숙하지 못하고, 허술한 점이 있더라도 이 한권의 책자를 통해 순수한 젊은 학생들의 '진실의 메아리'를 조금이나마 이해하는데 도움이 되었으면 하는 바람입니다.

2020년 9월 20일

동국대학교 의과대학·의학전문대학원 학장 겸 원장
서 정 일

| 추천사 | 열정과 순수함

한 개인이 의과대학을 다니고 의사면허를 받고 서 부과정의 전공까지 마치고 비로소 사회에서 환자를 제대로 진단하고 치료할 수 있는 의사가 되기까지에는 십 수년간의 세월이 소요되며, 그 동안에는 치열한 경쟁 속에서 쉽게 상상하기 힘든 노력이 따라야 합니다. 의학공부 하나만 붙잡고 매달려도 버거운 의대생들이 바쁜 와중에 어쩌다가 나는 시간이 있다면 휴식과 재충전에 쓰는 것은 너무나도 당연한 일이고, 다른 것에 눈을 돌리는 것은 생각하기 어렵습니다. 이번 2020년 여름 대한민국의 의대생들은 달랐습니다. 그들은 의료 정책 입안 과정에 의료 최일선에서 일하는 전문가 집단인 임상의사들의 의견이 전혀 반영되지 않는 현실을 보았고, 심지어는 권력을 가진 자들이 의사와 같은 전문가 집단을 적폐로 취급하는 모습도 보았습니다. 일각의 시간도 아껴 잠을 1분이라도 더 자는 것이 소박한 소원이던 이들이 자신들이 맞닥뜨리게 될 미래에 대해서 고민하기 시작했고, 이들이 나누던 그민은 대한민국의 의료시스템의 문제에 대한 고민으로 발전되었고, 대한민국 의료의 미래를 좀먹는 정책의 강행을 막기 위해서는 자신들이 목소리를 내지 않으면 안된다는 결론에 도달했습니다. 결국 그들은 거리로 나왔습니다.

이 책은 동국대학교 의과대학 및 의학전문대학원의 재학생들이 특별한 방법으로 자신들의 목소리를 낸 결과물입니다. 어떠한 생각을 실행에 옮기고 결과물로 만드는 것은 생각만 하는 것과는 차원이 다른 어려운 문제입니다. 의과대학생 시절을 경험한 선배의 한 사람으로서, 게다가 이런 류의 재주라고는 전혀 없는 저와 같은 입장에서는 학생들이 힘을 모아 이러한 책을 만드는 데에 얼마나 각고의 노력과 수고를 들였을지 가늠을 하기조차 어려울 지경입니다. 이 책을 만드는데 크고 작은 공을 들인 동국대학교 의과대학의 제자들에게 격려와 응원의 박수를 보냅니다. 아울러 이 책을 보시는 독자 중 의사나 의대생이 아니신, 그리고 그들의 가족도 아니신 일반 국민들께 한 말씀 드립니다. 문제에 다해 고찰하고 무엇이 문제다라고 목소리를 내는 이러한 열정을 가진 학생들이 나중에 의사가 되면 국민 건강에 기여한다는 사명감을 가진 의사가 될까요 아니면 환자를 봉으로 알고 돈만 밝히는, 여러분들이 걱정하는 부류의 의사가 될까요? 아니면 이들과는 다르게 남들이 모두 함께 고민하는 문제에는 관심이 없고 '나는 내 공부가 더 중요해' '당장 시험에 붙는 게 더 중요해' 하던 소수의 학생은 나중에 과연 어떤 의사가 될까요? 이 책을 만들기 위해 뭉친 이들이 그 열정과 순수함을 앞으로도 잃지 않는다면 당연히 그들은 국민들에게 올바른 의료서비스를 제공하기 위해 노력하는 의사가 될 것임을 저는 믿어 의심치 않습니다.

2020년 9월 20일

동국대학교 일산병원 교수협의회장
박 석 원

| 추천사 | 절박함과 고뇌

2020년 8월은 정부의 4대 의료악법에 대해 한국 의료계가 한 목소리를 내었던 중요한 시간들이었습니다. 특히 이번에는 전공의 선생님들과 의사의 꿈을 키우며 열심히 공부하는 의과대학 학생들이 중심에 있어서 사태의 심각성이 더욱 더 부각되었다고 생각합니다. 의과대학 교수이자 경상북도 의사회 임원인 필자도 이 기간에 수차례 회의와 두 번의 파업에 동참하였는데, 이 짧은 시간에 한 권의 책이 나왔다는 소식을 들었습니다.
거리로 나오게 된 의대생! 처음 이 책을 후배이자 제자들인 동국의대 학생들이 주축이 되어 만들었다는 얘길 듣고 깜작 놀랐고 그 후 책을 읽고 내용의 정확성과 다양한 표현력에 감탄과 자부심을 느꼈습니다.

구성도 탄탄하여 '팩트 체크' 장에서는 현재 의료계의 현실을 일목요연하게 기술하고 있으며, '의료 4대악, 그게 도대체 뭔데?'라는 장은 이번 의사 총파업 사태를 촉발한 의료 4대악 의료정책에 대해 정확한 정보를 제공하고 있습니다. 이와 동시에 만화와 수필 등 다양한 양식을 동원하여 본인들의 생각을 진솔하게 전달하고 있는데, '양치기 소년'이란 부제의 만화는 1977년, 1989년, 2000년에 정부가 주도했던 의료정책을 만화 형식으로 보여주면서 현재에 이르게 된 상황을 한 눈에 알 수 있게 해 줍니다. 또한 '수가 Q&A'에서는 우리나라 의료시스템을 사전에 이에 대한 지식이 없는 사람도 이해하기 쉽도록 잘 설명하고 있습니다. 그 외에도 'CARTOON', '카드 뉴스', 및 '인트로'에 소개된 전북의대생, 경상의대생, 인제의대생들이 만든 내용들을 통하여 독자들은 현 정부가 추진 중인 의료정책에 대한 문제를 충분히 이해할 수 있으리라 생각됩니다.

특히 필자는 '수필' 장이 마음에 와 닿았는데, 바쁜 의대 공부를 하던 학생들이 거리로 나와야 했던 절박감과 고뇌들이 개개인의 수필을 통하여 소개되어 있었고, 읽는 내내 우리 학생들이 이번 일로 큰 상처를 받지 말고 장차 한국의료를 건강하게 이끌 재목들로 성장해 주길 바랬습니다. 2000년 의약분업 사태 때 전공의로써 3개월간 거리에 있었던 필자는 20년 뒤에 또 다시 거리로 나가게 되는 이러한 상황이 발생된 것에 대해 개인적으로 무척 안타깝고 정부가 원망스럽지만, 이 책을 보면서 향후 의료계를 이끌 학생들이 한국 의료계의 고질적인 문제에 대해 학습하고 이들이 장차 한국 의료를 건강하게 만들 것이라는 희망을 가져 봅니다.

2020년 9월 20일

동국대학교 의과대학·의학전문대학원 의학과 교수
경상북도 의사회 학술이사
정 휘 수

| 추천사 | 의료계에 대한 성찰

2020년 정부의 의료 4대악 법 졸속추진으로 인하여 촉발된 범의료계의 움직임은 많은 사회적 파장을 불러왔습니다. 의료계 바깥에 있는 분들로서는 진료를 받을 수 없거나 지체되는 절박함 혹은 불편함을 경험하였습니다. 하지만 그 이면에는 단순한 밥그릇 싸움이나 이권 다툼으로만 치부할 수 없는 많은 문제점이 있습니다. 그러한 문제점과 갈등이 이번 사건을 계기로 수면 위로 드러나게 되었다고 말하는것이 정확합니다.

개인적으로는 이 책을 받고서 느낀 감정이 상당히 복잡했습니다. 2000년대 김대중 정부 당시 의약분업 실시로 인한 의사들의 집단행동 때 의료계가 지적하였던 문제가 해결되지 않은 채 시일이 지나 또다시 불거져, 결국 상아탑에 있는 후배들마저 강의실을 뛰쳐나오게 되었기 때문입니다. 사실 이전 학번 의대생들은 본인들이 직면할 의료계 문제에 크게 관심을 가지지 않더라도 큰 문제가 되지 않았습니다. 하지만 더 이상 의대생들은 이러한 의료계 문제에 무관할 수가 없습니다. 그러한 문제야말로 본인들이 의사가 되면 바로 직면해야 할 현안이기 때문입니다.

사실 의료계 여러 현안들은 수 차례의 해결할 수 있는 계기가 있었습니다. 1978년 의료보험 실시, 1988년 의료보험 전국민대상으로 확대실시, 1990년대 신생 의대 확대설치, 2000년 의약분업 실시, 2000년대 의학전문대학원 제도 실시 등 많은 일들이 있었습니다만, 과연 이러한 시도들이 얼마나 의료계 문제 해결에 기여하고 한국사회 및 국민들에 대한 의료서비스 향상에 기여하였는지는 재론의 여지가 큽니다.

이 책은 예비 의사로서 의대생들이 그동안 의료계에 대한 성찰을 진지하게 자료를 모으고 검토·토론하여 작성한 고민의 한 부분입니다. 그리고 그들이 책으로 엮어낸 이유는, 이러한 고민을 한국 사회를 구성하고 있는 모든 분들과 같이 공유하고자 하는 작은 몸부림이라 생각해주시면 고맙겠습니다. 아무쪼록 이러한 의료계 문제들에 대한 의논이 잔잔한 연못에 물결을 일으키는 조약돌처럼 우리 사회를 조금 더 나은 사회로 바꾸어가는 움직임이 되길 바랍니다.

깊어가는 가을 저녁에

영천요양병원장 예방의학과 전문의

김 병 석

CONTENTS

Chapter

1

INTRO

시작하며

동국의대 35대 학생회장 한승민입니다.

우리는 정부의 '의료 4대악 법' 졸속 추진을 막기 위해 1주일 간의 전국 의과대학-의학전문대학원 수업/실습 거부에 동참하였습니다. 본 자료집은 대의를 이루기 위한 우리의 여정의 첫 페이지를 기록한 것으로, 우리나라 의료의 현실과 현재 추진되는 정책의 문제를 이해하기 쉽게 담아내고자 노력하였습니다.

동국의대 재학생 여러분, 우리는 앞으로 의사가 될 것입니다. 국민 건강수호라는 숭고한 의무를 이행하는 최전선에 서게 될 것입니다. 그 과정에서, 의료정책 입안과정에 참여하는 것은 마땅한 일입니다. 우리는 이번 경험을 통해, 올바른 의료정책을 입안하는 과정이 녹록치 않고 험난한 과정임을 분명히 배웠습니다. 그렇기에 우리는 이 순간의 열정을 간직해야 합니다.

모두를 위한 의료체계를 만들어가는 우리들의 여정은 이제 시작에 불과합니다. 1주일 간의 수업/실습 거부를 시작으로, 의사 국가고시 거부, 전국 의과대학 동맹휴학 또한 추진되고 있습니다. 학우 여러분들께서는 국민을 위한 올바른 의료체계를 만들어가는데 앞장서주십시오. 정부의 안일한 태도를 바로잡기 위해 끝까지 동참해주십시오.

국민 여러분, 반대를 위한 반대가 아닙니다. 이 나라의 의료정책을 지켜나가기 위한 과정입니다. 이대로는 결국 세금만 축내고 아무런 효과도 보지 못할 것이 자명합니다. 결국 피해는 국민에게 돌아가게 될 것이며, 저희 또한 그 국민의 일부입니다.
부디, 이 책을 보시거든 저희의 뜻을 헤아려주십시오.

끝으로, 저희를 지지해주시고 학사일정 조정을 위해 힘 써주신 모든 교수님 및 교직원분들과, 본 자료집 출간에 참여해주신 재학생 여러분께 감사의 말씀 올립니다.

감사합니다. 늘 평안하시길 기원합니다.

학생회장 **한 승 민** 올림

왜 의대생은 거리로 나왔나

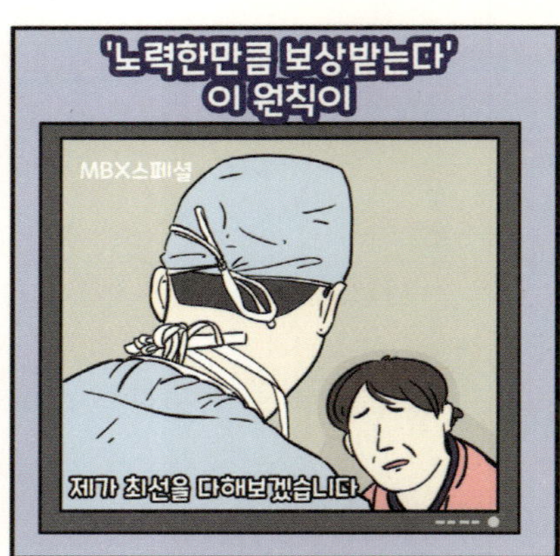

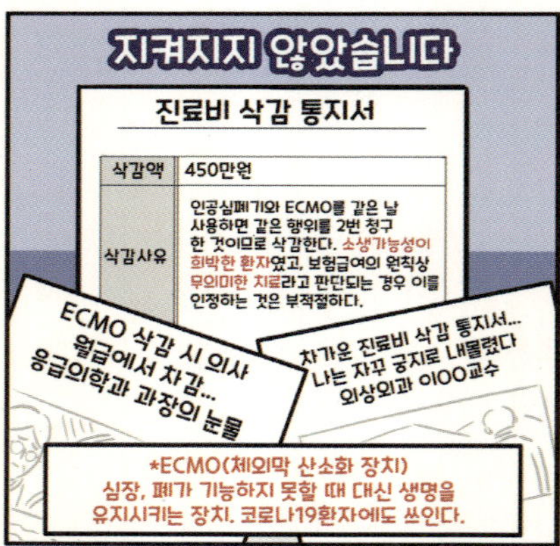

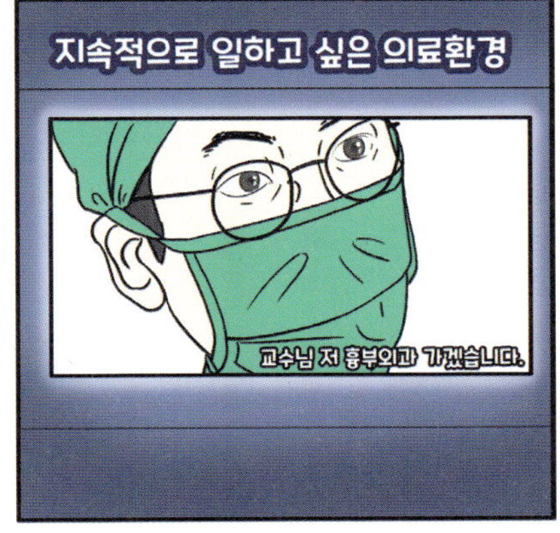

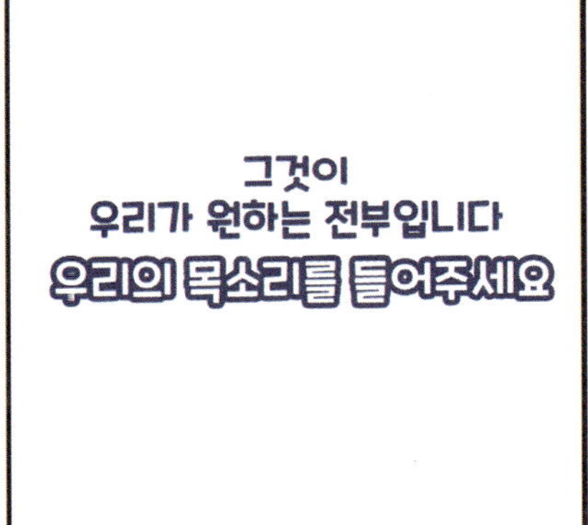

"우리의 목소리가 종이비행기에 불과해 보일지라도 우리가 원하는 곳까지 힘차게 날아가기를." (의학과 2학년 유재일)

양치기 소년

이번에도
속으실 건가요?
옛날 옛적 한 마을에,
양치기 소년이 살았어요.

국민 건강 보험을 실시할래.
돌볼 양이 많아지겠지만,
내가 도와줄게!
어느 날, 소년 앞에 한 아저씨가 나타났어요

전국민
건강보험이
시행된대요!
소년은 동네방네 외쳤어요.

건강 축 보험
전국민 건보는 실시, 일부 기형적 수가는 그대로!
마을 사람들은 이를 환영했지만,
소년은 혼자서 양을 더 돌봐야 했어요.

이번에는 진짜야.
의약 분업을 할 거고, 돌볼
양은 더 늘어나겠지만, 내가
꼭!! 도와줄게.
얼마 뒤, 아저씨가 다시금 모습을 드러냈어요.

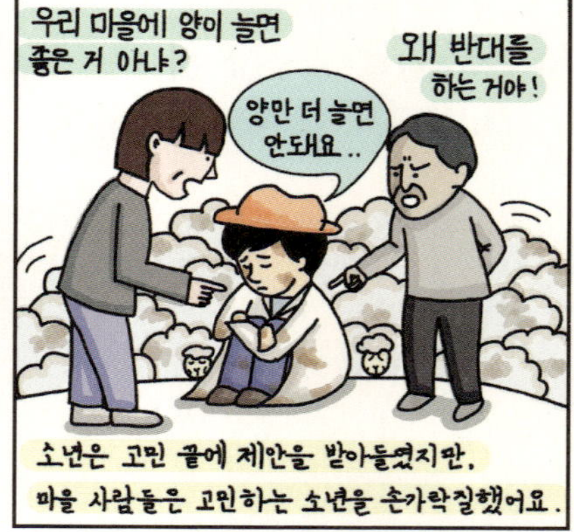
우리 마을에 양이 늘면
좋은 거 아냐?
양만 더 늘면
안돼요..
왜 반대를
하는 거야!
소년은 고민 끝에 제안을 받아들였지만,
마을 사람들은 고민하는 소년을 손가락질했어요.

아저씨는 정부, 양치기 소년은 의사, 양은 기형적인 의료 시스템을 함의합니다.

우리나라의 의료 시스템은 첫 단추부터 잘못 꿰어졌습니다.

의사가 진료비를 정할 수 있는 일부 비보험 항목을 제외하면
(예를 들어 피부나 미용과 관련된 부분이 대표적인 비보험 항목입니다.),
대부분의 진료는 건강보험 적용 대상입니다.

양치기 소년

보험이 되는 진료의 원가보전율은 약 70% 수준입니다. 즉, 환자를 치료할 때 원가가 100만 원이 든다고 하면, 환자의 본인부담금과 건강보험공단에서 받는 금액(=수가)을 합하여 70만 원만 받을 수 있다는 뜻입니다. 다시 말해, 진료를 1번 할 때마다 30만원의 적자를 보게 됩니다.

무엇인가 이상하지 않나요? 이처럼 원가조차 제대로 받지 못한다면, 병의원은 어떻게 지금까지 망하지 않았을까요?

1. 1977년 국민건강보험이 처음으로 시행되었습니다. 전국민 건강보험제도가 시행되기 전, 의사는 보험이 적용되는 일부 국민에게 적자를 보았지만, 나머지의 비보험 환자에게 손실을 메꿀 수 있었습니다.

2. 1989년, 전국민 건강보험이 실시되었습니다. 이때부터라도 기형적인 수가를 바로잡으면 되었을텐데, 정부는 기형적인 수가를 바로잡는 대신 여러 가지 보완책을 고안했습니다. 지정 진료비, 상급 병실료 등의 제도가 도입되었습니다. 의사들은 비급여 진료를 늘렸습니다. 의약분업이 시행되기 전에는 의약품을 통해서도 어느 정도 손실을 보전할 수 있었습니다.

의사들은 잘못된 건강보험제도를 고칠 것을 정부에 요구했지만, 기형적인 의료 시스템은 여러 보완책의 존재 하에 어떻게든 유지되었습니다.

3. 2000년에 의약분업이 시행되기 전, 병의원은 진료뿐만 아니라 약까지도 조제하였습니다. 의약분업이 된다는 것은, 곧 의사가 더는 의약품을 통해 손실보전을 할 수 없다는 것을 의미합니다. 원가 이하의 낮은 건강보험수가를 다른 방법으로 견뎌오던 병의원이 더 이상 존속하기 힘들다는 것입니다.

정부는 진료비를 크게 올려주며 의사를 달랬지만, 건강보험공단의 적자가 지속하자, 정부는 언제 진료비를 올렸냐는 듯, 다시 진료비를 원상 복구시켰습니다.

의사들은 이때도 잘못된 의료 시스템을 고칠 것을 정부에 강력하게 요구했습니다.

진료하면 할 수록 적자가 나는 저수가 구조는 1977년부터 지금까지 변하지 않았습니다.

고질적인 저수가 체계 아래에서 수익을 낼 방법은 비보험 시장(피부 미용 등)을 넓히거나 박리다매로 최대한 많은 환자를 보는 방법뿐입니다. 기피과는 이러한 방법으로 수익을 내는 게 불가능하기에 기피과의 기피는 더욱 악화될 뿐입니다.

문제를 해결하기 위한 근본적인 방법은 옛날부터 지금까지 동일합니다. 진료를 보면 볼수록 적자가 심화되는 기형적인 수가를 바로잡는 것입니다.

2020년, 정부는 의사 증원, 공공의대 신설, 첩약 급여화, 원격 의료를 위시한 여러 가지 정책안을 내놓고 있습니다.

이러한 방법은 결코, 기형적인 의료 시스템을 극복할 수 없습니다.

문제의 본질은 동일합니다. 진료를 할수록, 적자가 나는 기형적인 저수가 제도.
그것을 해결하는 것만이 유일한 해법입니다.

사람들은 이렇게 말합니다.
"의사들이 말하는 건 똑같다. 항상 '수가'를 올려달라고 할뿐이다."

네, 항상 같은 말을 합니다. 한번도 그 문제가 제대로 해결되지 않았기 때문입니다.

또, 어떤 이는 이런 말을 합니다.
"수가를 올려달라고 파업을 하는 것으로 보아 결국 밥그릇 싸움이다." 라고요.

저희는 1989년부터 꾸준히 기형적인 수가를 해결해달라고 목소리를 냈습니다.
지난 10년 동안도 수가 협상은 매번 결렬되었지요.
20년 만의 대대적인 의사와 의대생의 단체 행동입니다. 단순히 밥그릇 싸움이라면, 지난 10년동안 수가 협상이 결렬되었을 때 저희는 왜 대대적인 파업을 하지 않았을까요?

저희가 바라는 것은 단 하나입니다.
지속가능한 의료환경, 그것이 저희가 바라는 전부입니다.

이를 위한 해답은 명백합니다. 언제나 같습니다.

진료하면 할수록 적자가 나는, 기형적인 의료 시스템의 개선.

적어도 정부에서 일방적으로 추진하는 정책이 그 해답이 되어서는 안 되겠지요.

무엇이 문제일까요? 또, 무엇이 문제의 해결 방안이 될까요?
여러분과 함께 이 책에서 그 답을 찾아보고자 합니다.

수가 Q&A

'수가' Q&A
수가에 대해 한 문장으로 설명해주시겠어요?
수가는 의료 행위에 대해 병원이 지급받는 돈입니다.
음... 어렵네요. 혹시 기피과 수가가 오르면 환자가 부담하는 돈이 늘어나나요?

아니요. 수가는 환자가 부담하는 돈과 무관하고 건강보험공단이 병원에 지급하는 돈입니다.
병원은 진료를 하면 환자와 건강보험공단에서 돈을 받습니다.
1. 환자가 부담
2. 건강보험공단이 부담 (=수가)
환자가 부담하는 돈은 늘어나지 않습니다.
어...그렇다면 기피과 수가가 오르면 의사 월급이 오르나요?

아니요. 수가가 오른다고
의사 월급이 늘어나지 않습니다.

아니, 그러면 도대체 왜 기피과
수가를 올려달라는 건가요?

수가를 올려야 병원이 외과 같은
기피과 의사를 채용할 수 있거든요!
이에 대해 이해하기 위해서는
'원가 보전율'을 알아야 합니다.

병원은 환자와 건강보험공단(수가)
에서 돈을 받습니다.
병원의 지출 금액은 약제비, 기구값,
인건비 등이 있지요. 병원의 지출
금액을 '원가'라고 하는데,
외과 수술의 원가 보전율은
70% 선입니다. 이게 어느 정도
수치냐면...의사가 돈을 한 푼도
안 받고 수술을 해도 병원은
적자를 볼 수 있습니다.

1000원 들여서 수술을 하면
300원이 적자라는 얘기인가요?

수가 Q&A

네. 일하면 일할 수록 적자가 납니다. 예를 들어, 이국종 교수님이 환자 1명을 볼 때마다 병원은 146만원의 손해를 봤습니다.

아니, 그러면 병원은 뭘 먹고 사나요?

수익이 나는 과를 통해 적자를 메꿉니다. 장례식장, 주차장 등에서 수익을 내기도 하고요.

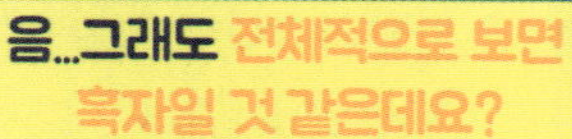

음...그래도 전체적으로 보면 흑자일 것 같은데요? 결국에 돈을 더 벌겠다는 속셈은 아닐지.... 조금 의심스럽네요.

(2017년) 지방에 있는 상급 종합 병원 16개 중 6개 대학병원이 전체 의료 이익 '적자'를 기록했습니다.
(2018년) 우리나라 최고의 병원 중 하나인 삼성서울병원은 40억의 '적자'를 냈습니다.
상급 종합병원조차 이런데 중소 병원이 외과 같은 기피과를 잘 운영할 수 있을까요?

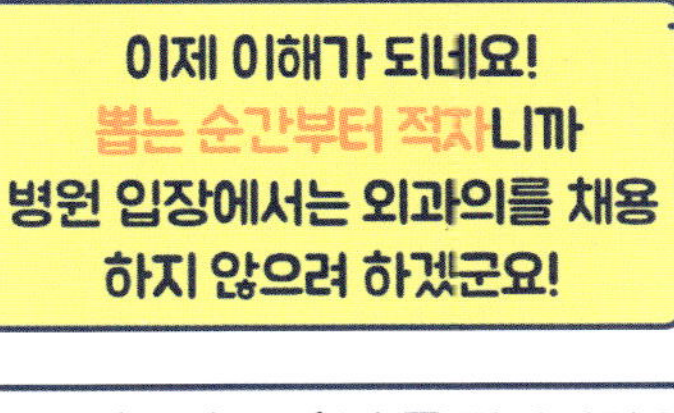

네! 채용하면 할수록 적자니까요.

의사가 부족한 게 아닙니다.
병원이 의사를 채용할 수 있게
기피과 수가를 높여달라는 뜻입니다.

*한국의 수가는 OECD 평균의 67%에 불과하다.

진료할 수록 적자 -> 의료진 채용 감소
-> 충분히 살 수 있는 환자가 죽게 됩니다.

Bonus

표 2-3 권역외상센터 시행기준(공간기준) 손익분석

(단위 : 백만원)

구 분		수 익	원 가	손 익	손익률
아주대	기본	21,068	31,022	-9,954	-47.2%
	국고 보조금(운영비) 반영	23,282	31,022	-7,740	-33.2%
	국고 보조금(운영비+시설구축비) 반영	25,020	31,022	-6,002	-24.0%
부산대	기본	28,601	41,846	-13,245	-46.3%
	국고 보조금(운영비) 반영	31,179	41,846	-10,667	-34.2%
	국고 보조금(운영비+시설구축비) 반영	33,250	41,846	-8,596	-25.8%
울산대	기본	7,681	11,982	-4,301	-56.0%
	국고 보조금(운영비) 반영	9,574	11,982	-2,408	-25.1%
	국고 보조금(운영비+시설구축비) 반영	10,698	11,982	-1,284	-12.0%
계	기본	57,350	84,850	-27,500	-47.9%
	국고 보조금(운영비) 반영	64,035	84,850	-20,815	-32.5%
	국고 보조금(운영비+시설구축비) 반영	68,968	84,850	-15,882	-23.0%

* 외상가산제도는 '18.7월부터 시행됨. 병원별 수익은 '17.3~'18.2월 분이므로 외상 가산분은 미 반영됨. 단, 16년부터 시행된 응급가산제도에 대한 외상환자 적용분은 기 반영됨
* 기본은 국고보조금을 반영하지 않은 손익이며, 국고보조금(운영비)은 인건비, 운영비, 인센티브를 반영함. 국고보조금(운영비+시설구축비)는 운영비와 건물·장비지원(상각비)를 포함한 국고보조금 전체임

***권역외상센터 손익현황 분석 연구 (2018)**

꿈과 현실 사이 (그림/스토리: 전북대학교 의과대학)

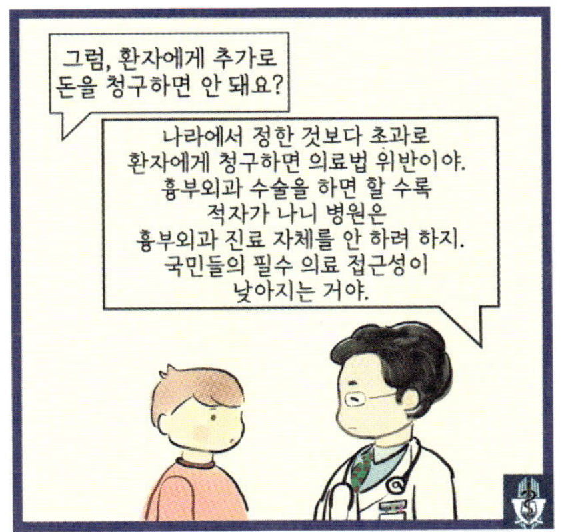

대형 병원은 푸드코트, 장례식장, 주차시설 등을 통해 수익을 얻고, 이 수익을 적자를 메꾸는 데 이용할 수 있지만, 흉부외과 단독 개원의*의 경우 위와 같은 방법으로 수익을 창출할 수 없기에 독립적으로 병원을 운영하는 것이 불가능합니다.

*개원의: 병원을 세워 환자를 진료하는 의사

높은 의료사고 위험, 높은 의료분쟁 비용 역시 기피과의 기피를 심화하는 요인입니다. 예를 들어, 산부인과의 경우 의료진의 잘못으로 볼 수 없는 불가항력적인 의료사고라도 분담금의 30%를 의사가 강제적으로 부담해야 합니다.*

*한국 의료분쟁 조정중재원 : 불가항력의료사고보상제도

사람을 살리는 의사가 되겠다는 꿈이, 처참한 현실에 좌절되지 않는 그런 미래를 꿈꿉니다.

외과 의사가 된 남편 (그림/스토리: love_damdi)

＊ 젊은 의사 단체 행동을 응원합니다 ＊

수가는 넓은 의미로는 '환자를 치료하고 받는 진료비' 전부를 뜻합니다.

그러나 국민 건강 보험이 시행된 이후로는 치료비 대부분을 환자 대신 보험이 지불하기에, 수가는 건강보험공단이 병원에 지불하는 금액만을 의미하는 것으로 의미가 축소되었습니다.

수가는 건강보험공단과 의료 기관 사이의 협상에 의해서만 결정되고, 보험 대상의 진료라면 서울이든 시골이든 (의사 수가 차이가 많이 남에도 불구하고) 동일한 진료는 같은 값입니다. (그리고 대부분의 의료 행위는 보험 대상입니다.) 이는 의료의 가격을 전국 어디든 일정하게 유지하기 위함입니다.

그렇기 때문에 의사 수가 늘어난다고 하여 경쟁으로 인해 필수 의료 분야의 의료 수가가 싸지지 않습니다. 진료비가 경쟁으로 인하 싸질 것이라는 주장 역시 사실이 아닙니다. 의사는 보험 대상의 진료라면 정해진 진료비만을 받을 수 있고, 그 이상도 그 이하도 받을 수 없습니다.
오히려 의사 수가 늘어난 만큼 의사 유인 수요*와 불필요한 진료가 늘어나 건강보험재정에 부담을 초래하게 될 것입니다.
*의사 유인 수요 : 병원이 생김으로 인해 병원이 없었다면 병원에 갈 생각이 없던 사람도 병원에 가게 되는 현상

저희는 '건강보험공단'이 병원에 지불하는 수가, 특히 기피과의 수가가 개선되기를 간절히 바라고 있습니다. 환자가 직접 지불하는 진료비를 늘려달라는 것이 아닙니다.

결국은 분배의 문제입니다.
안전성조차 입증되지 않는 첩약을 급여화하지 않고, 필수 의료 분야에 조금만 재정을 투자하면 문제가 해결될 수 있습니다.

사과 만화 (그림/스토리: 인제대학교 의과대학)

깨알 상식!!
병원
"경영"하는 입장
(고용주)
의사
"일"하는 입장
(노동자)
병원은 의료인이 아니라 경영진이기 때문에
의사들과는 입장이 달라요!

기피과를 계속 기피하게 되고
선배도 후배를 말리는 상황
소아외과 운영병원 근무 현황
소아외과 전문의 1명 근무: 22개 병원
전문의 2명·3명 근무: 각각 4개 병원
소아외과 신규 전문의 현황
(단위: 명)
2015년 2016 2017 2018
2 1 1 2
자료 대한소아외과학회
오지 마…
현타온다
나도…
선배님 저도
애기들
살리는
소아외과
할래요

그래서 의사들의 주장은
기피과 처우 개선
& 수가 인상
우와!
소아외과
의료수가 상승?
우리 병원에도
하나 만들어볼까?
소아외과 의사 뽑아요~
와!
나도 이제 수술할 수 있어요?!

의사 숫자가 늘어도
기피과 공백은
해결되지 않아요
의료체계가
실질적으로
개선될 수 있도록
도와주세요
출처
"소아외과 전문의 겨우 32명분"
http://www.monews.co.kr/news/articleView.html?idxno=94571
"저출산에 소아환자 줄어… 병원은 돈 안되니 의사 채용 외면
https://www.hankookilbo.com/News/Read/201912201111087088
"'의료 수가' 올려야하나"
https://www.hankyung.com/society/article/2014040401471

어떻게 오늘날의 의료 체계가 탄생하였는가

의사, 약사, 한의사, 한약사 사이의 이해관계를 중심으로 간략히 살펴보겠습니다. 다소 내용이 복잡할 수 있으므로, 책을 다 읽은 다음에 읽으셔도 좋습니다.

1. 1977년에 처음 건강 보험이 시행되었고, 1989년에는 전국민 건강보험이 시행되었습니다. 건강 보험이 시행되기 전, 의사는 국민들에게 자율적으로 진료비를 청구할 수 있었습니다.

건강 보험이 시행되자 의사는 순수하게 진료만 보아서는 적자를 면할 수 없었습니다. 보험이 되는 진료의 원가보전율은 약 70% 수준이었기 때문이죠.

그렇지만 의사는 망하지 않았습니다. 보험이 실시 됨으로 환자 본인이 직접 의료 기관에 내는 액수가 줄어들었고, 그 결과 환자가 굉장히 많이 늘어났습니다. 이 밖에도 다양한 이유로 의사는 망하지 않았습니다. 우리가 특히 주목하고 싶은 것은 '약'이 급여화가 되었다는 사실입니다.

건강 보험의 결과 약이 급여화가 되었고, 싼값에 병원에서 약을 탈 수 있게 되었습니다. 약국에서 약을 타려면 상대적으로 비싼 돈을 내야 하니, 환자들은 약국보다는 병원을 선호하게 되었지요.

2. 물론 약국에서 파는 약은 보험 대상이 아니었기에 약사들이 약 가격을 마음대로 조정할 수 있었고, 약을 싸게 팔 수도 있었습니다. 그렇지만 약을 싸게 팔면 수익이 나지 않았지요. 약사들은 방법을 강구해야만 했습니다. 당시만 해도 약사가 한약을 조제하는 것에 아무런 제한도 존재하지 않았고, 의사와의 약값 가격 경쟁에서 밀린 약국은 점점 한약 조제를 대놓고 하기 시작했습니다.

3. 한의사가 이러한 약사의 행태를 반길 리가 만무했습니다. 한약을 지키고 싶은 한의사는 심하게 반발했고, 결국 문제가 터졌습니다. 93년부터 96년까지 2차례에 걸쳐 이루어진 한약 분쟁이었습니다.

두 집단은 정말 격렬하게 대치했습니다. 당시 한의대 학생은 전원이 유급하는 걸 감수하고 투쟁에 나섰고, 실제로 전원이 유급하였습니다. 단체로 삭발식을 하거나 단식 투쟁을 하기도 했지요. 약사 역시 전국 약국을 동시에 휴업하거나, 약사 자격증을 반납하거나, 수업 거부를 하는 등의 행보를 이어갔습니다.

한약 분쟁의 결과 한약사라는 직역이 탄생했습니다. 한약사는 한약조제지침서에 있는 약을 조제할 수 있고, 새로 배출되는 약사는 더는 한약을 조제하지 못하는 것으로 결론이 났습니다. 한의사는 그렇지만 여전히 한약의 조제와 처방 모두 가능합니다. 한약사는 아직 고유 영역이 없는 셈이지요. 그렇기에 한약사는 꾸준히 한의사로부터 독립된 조제권을 요구하고 있습니다.

(한의약분업이라는 용어 대신 한약 분쟁이라는 용어를 사용하는 이유는 아직까지도 한의사와 한약사 사이에 분업이 이루어지지 않았기 때문입니다. 한의사가 진료만 보고, 한약사가 한약만 조제하게 되면 그것이 한의약분업이 되는 셈입니다.)

4. 약사는 한의사와의 분쟁에서 성과를 내지 못했으니 의사 쪽으로 눈을 돌리게 됩니다. 그 결과 의약분업이 일어나게 되었고, 약사는 의사로부터 약을 조제할 권리를 배타적으로 가져오게 됩니다. 의약분업의 결과 의사들은 약과 관련된 많은 수익 창출 수단을 약사한테 넘겨주게 되었습니다.

5. 의약분업 이후에도 의사들은 여러 보완책으로 어떻게든 수익을 창출하였습니다.
그러나 시간이 흐를수록 수익을 창출하는 방법이 갈수록 줄어들게 되었습니다.
정부의 정책 변화에 따른 결과였습니다.
현재 남아 있는 수익 창출 방법은 박리다매식 3분 진료, 비보험 진료, 장례식장 등의 부대시설 운영 정도가 전부입니다.

문재인 케어 이후 지난 몇 년 동안 꾸준히 건강보험공단 재정이 적자를 기록하는 현 상황에서 정부에서 2020년에 다양한 의료정책을 발표하게 되니, 의사들은 정말로 이제는 버티기 힘들다며 거리로 나오게 된 것입니다.

6. 이 과정에서 한의사는 자신들의 파이를 늘리고자 첩약 급여화를 주장하였고, 의사와 약사, 한약사는 지금 논의되는 방식의 첩약 급여화에 대해 반대하고 있습니다. 현재 원격 투약 역시 같이 논의되고 있는데, 이는 약사에게도 직접 피해가 가는 정책이기에 약사들은 이에 반대하고 있습니다.

7. 마지막으로 한약사에 대해 살펴보겠습니다.
의약분업의 결과 의사는 진료만 하고 약사는 약단 조제하게 되었습니다. 그런데
한의사는 아직까지 진료와 한약의 조제가 모두 가능합니다. 한약 조제만 가능한
한약사는 배타적인 업무 영역이 없는 셈이지요.
처음 한약사라는 직역을 만들 때, 정부는 수년 이내의 한의약분업을 약속했습니다.
한의약분업은 20년 넘게 이루어지지 않았지요.

한약사는 현재 논의되는 첩약 급여화 정책에 대해서도 굉장히 부정적인 입장을 고수하고 있습니다.

한의사협회장 최혁용은 첩약 급여화를 통해 원외탕전을 활성화하고자 합니다. 한의원을 개설한 사람이 첩약을 만들기 위해서는 탕전실이 있어야만 합니다. 탕전실은 병원 안에 위치할 수도 병원 밖에 있을 수도 있는데, 병원 밖에 위치한 탕전실을 원외탕전이라고 합니다.

원외탕전은 다른 한의원에서 쓴 처방전을 받아서 첩약을 만들 수 있는데, 이렇게 되면 원외탕전실을 소유한 일부 한의원은 더 이득을 보게 됩니다. 최혁용 회장과 여러 임원들은 각자 원외탕전실을 소유하고 있기에 첩약 급여화가 시행되면 이익을 얻을 것이 자명합니다. 이외에도 다양한 이유로 인해 한의학계 내부에서도 첩약 급여화에 대한 반대 목소리가 나오고 있습니다.

원외탕전은 한의사가 운영하게 됩니다. 한약사는 물론 원외탕전에 고용되어 한약을 조제하는 일을 하겠지만, 철저한 고용인에 불과하기에 첩약 조제로 인한 수익을 얻지는 못합니다.

한약사가 진정으로 원하는 것은 한의약분업입니다. 한약사는 자신들의 약국에서만 한약이 조제되기를 바라고 있습니다. 이는 대다수의 한의사에게 큰 손해가 되지만, 최혁용 회장은 함소아 제약이라는 제약 회사와 깊은 관련이 있기에 한의약분업이 시행되더라도 이익을 볼 수 있습니다.

Chapter

2

CARTOON

이기적인 의사들 (그림/스토리: jong.tee)

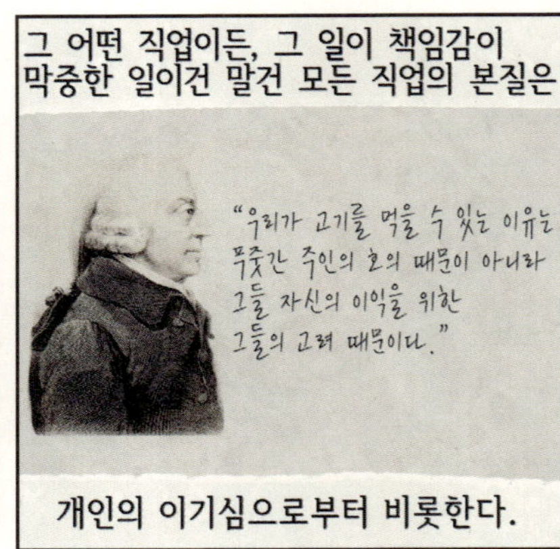

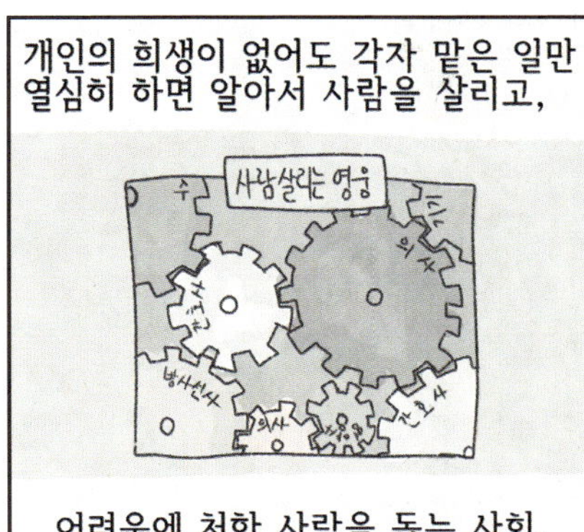

처음 의료 이슈에 대해 만화를 그렸던 것은 이런 생각에서 출발했다. 정치인도 결국 수많은 직업 중 하나이며, 그 직업의 가장 중요한 목표는 지지자를 많이 모으는 것이다. 의사에게 희생을 강요할 수 없듯이 우리가 정치인에게 지지율을 떨어뜨리는 결정을 강요할 수도 없다고 느꼈다.

불합리한 의료 정책을 저지하기 위해 내가 할 수 있는 최선의 방법은 바로 그 정책이 표가 되지 않도록 최대한 많은 사람들을 설득하고 문제점을 이해하도록 하는 것이라고 생각했다.

영웅인 의사는 물론 있을 수 있다. 그러나 모든 의사가 영웅이 되어야한다는 인식은 바뀌었으면 좋겠다.

영웅은 오지 않을 겁니다

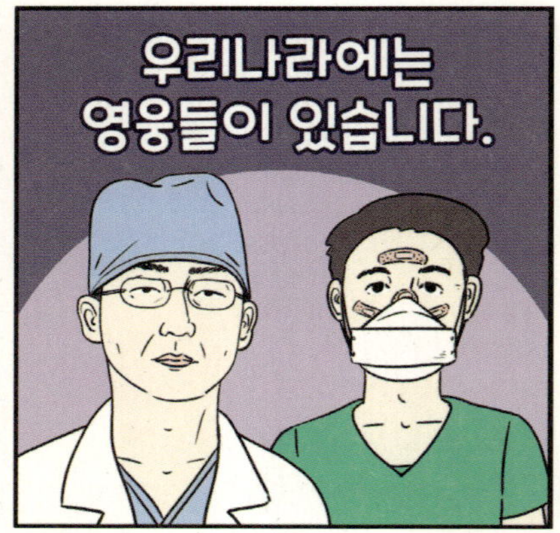
우리나라에는
영웅들이 있습니다.

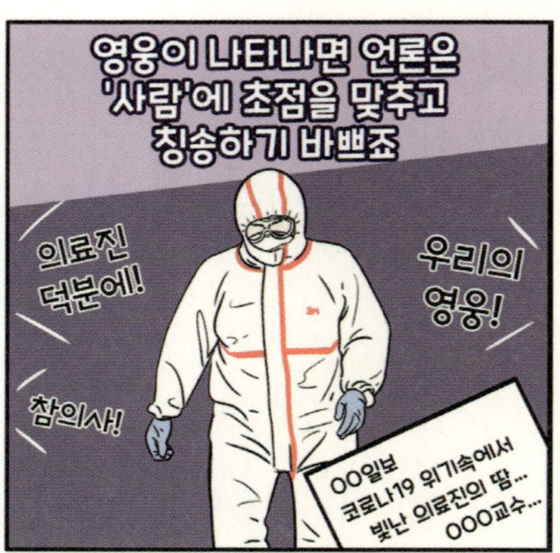
영웅이 나타나면 언론은
'사람'에 초점을 맞추고
칭송하기 바쁘죠
의료진
덕분에!
우리의
영웅!
참의사!
OO일보
코로나19 위기속에서
빛난 의료진의 땀...
OOO교수...

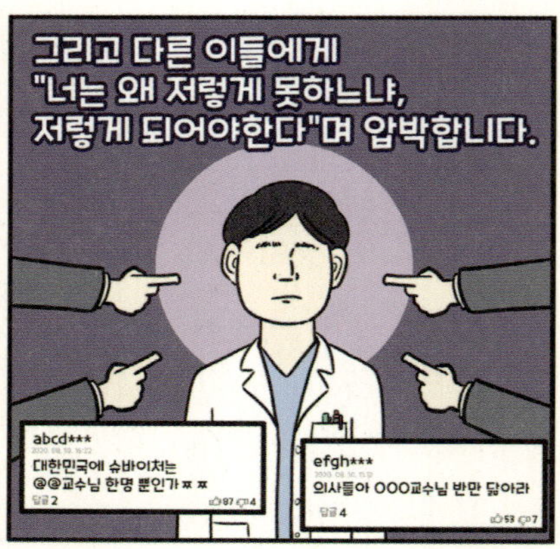
그리고 다른 이들에게
"너는 왜 저렇게 못하느냐,
저렇게 되어야한다"며 압박합니다.
abcd***
대한민국에 슈바이처는
@@교수님 한명 뿐인가ㅠㅠ
답글 2
87 4
efgh***
의사들아 OOO교수님 반만 닮아라
답글 4
53 7

현실이 난세였기 때문에
그들이 영웅이 되어버린
사실은 잊습니다
흉부외과 의국
이번에도
지원자
미달이래...
그럼 혼자 다
하시는거야?
3달째 집에
못 들어가고
있다는데
10분 후
알람

다시는 영웅이 필요없도록
난세를 바로잡아야 하는데
선배님,
저도 흉부외과
가고 싶습니다
돈, 여가 생활
다 포기하고
사명감 하나로
버텨야해
할 수 있겠어?

순간의 존경과 분노에 휩쓸립니다.
필수의료 수가정상화 하라!
전공의 파업...응급실 인력은 남아
또 또...
지들 밥그릇만
챙기려고
응급실 선생님들만
고생하시겠네

이렇게 순간의 감정에
영웅이라는 간판을 달아주고
당신이 우리의 영웅입니다
제8기 국민추천포상 수여식
2019. 2. 26.(화)

희생을 암묵적으로 강요한 뒤
다시 귀 닫아 버릴 거라면
LIVE
-이OO교수
1992년도에도
똑같았다.
한발짝도
나아지지 않았다.
저 사람 요즘
TV 자주
나오네~
그러게,
점심 뭐먹을까?

'존경'이라는 단어는
모욕이나 다름 없습니다.
존경

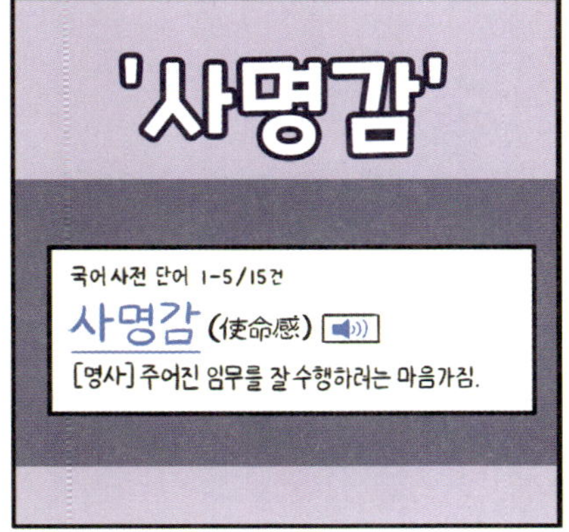
'사명감'
국어사전 단어 1-5/15건
사명감 (使命感)
[명사] 주어진 임무를 잘 수행하려는 마음가짐.

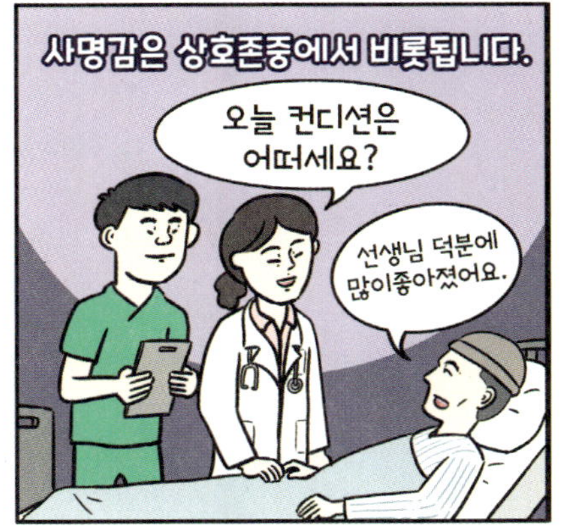
사명감은 상호존중에서 비롯됩니다.
오늘 컨디션은
어떠세요?
선생님 덕분에
많이좋아졌어요.

존중받지 못하는 영웅
기피과 수가보전을 해줘야지
인원을 늘려서 억지로보내면 다 도망나와요
결국 필수의료 붕괴됩니다
백날 소리쳐봐야
국회통과 될거요!

영웅은 오지 않을 겁니다

개인의 희생이 있어야만 유지되는 사회는 시스템이 부족한 사회입니다.

이국종 교수님께서는 과로로 인해 한쪽 눈이 거의 실명되셨고, 세월호 현장에서 어깨를 부상당하셨습니다.

비단 이국종 교수님뿐만이 아닙니다. 교수님을 포함한 그의 팀원 대부분은 부정맥을 가지고 있습니다.

언제까지 이러한 영웅들이 존재할 수 있을까요? 우리가 함께 고민해봐야 할 때입니다.

그림/글 ahn.joonnnn ksay2088

NOT FOR US JUST FOR ALL

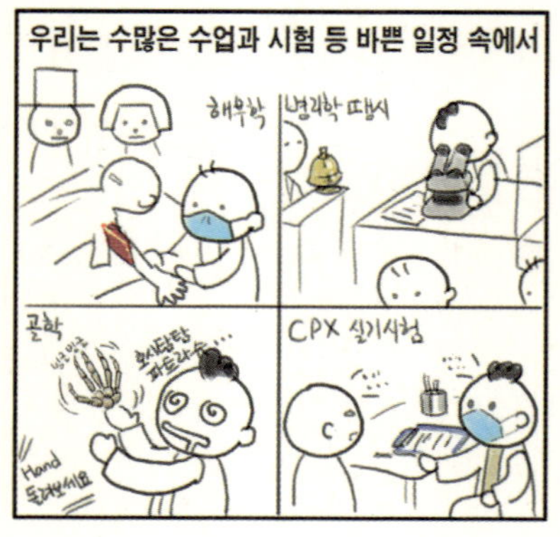

그림/글 ahn.joonnnn ksay2088

의대생이 거리로 나오게 된 이유는 무엇일까요?

우리가 바라는 것은 정부에 대한 무조건적인 반대가 아닙니다. 더 나은, 지속가능한 의료환경. 그것이 우리가 바라는 전부입니다.

이 만화는 '의대생이 왜 거리에 나오게 되었는가'를 의대생 스스로에게 다시 상기시키고, 이 운동이 우리 모두를 위한 취지에서 시작되었다는 것을 알리기 위해 제작하였습니다. 개인 경험을 바탕으로 한 일상툰 형식이다보니 다소 이해하기 어려운 용어가 있을 수 있는 점 양해 부탁드립니다.

장독이 왜 깨졌을까?

장독이 깨지게 된 원인 즉, 기피과의 인력부족은 낮은 의료수가와 열악한 처우의 문제입니다.

두꺼비가 많아진다고 깨진 장독이 고쳐지지 않습니다.
근본적인 원인 해결없이 의사가 많아진다고 기피과 인력난이 해소되지 않습니다.

동네 흉부외과 병원과 대학 병원의 흉부외과, 당신은 어느 병원을 선택하실 건가요? 대학 병원의 자리는 한정되어 있는데, 의사 수는 늘어난다고 합니다. 개원을 하기 힘든 비인기과 기피는 악화되겠지만, 비인기과의 처우 개선은 논의되지 않고 있습니다.

게다가 비인기과의 경우 업무 환경조차 최악입니다. 1년에 몇 번을 채 집에 가지 못하고 병원에서 매일 잠을 자며, 과로로 인해 부정맥 등 온갖 만성병에 시달려야 하는 직업을 그 누가 하고 싶어할까요?

1997년 의사 수가 6만 명일 때, 신규 외과 전문의는 274명이었습니다.
2019년 의사 수가 11만 명일 때, 신규 외과 전문의는 126명이었습니다.
의사 수가 늘어난다고 기피과 지원자가 늘어나지 않습니다.
일할 수록 적자가 나는 시스템을 해결하고 열악한 처우를 개선하는 것이 우선입니다.

주춧돌 빼서 위에 쌓기

(경험을 바탕으로 만든 만화입니다)

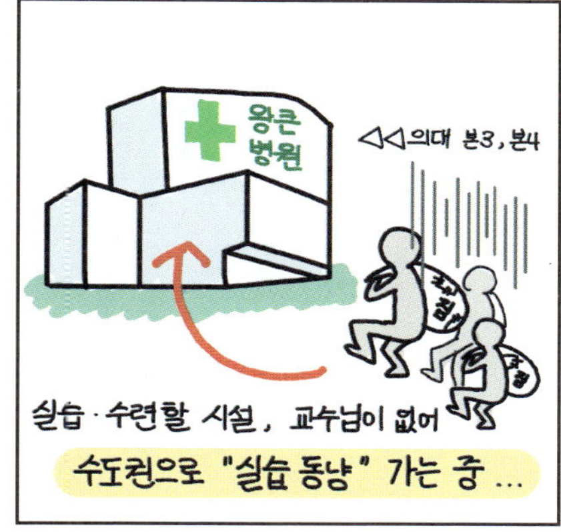

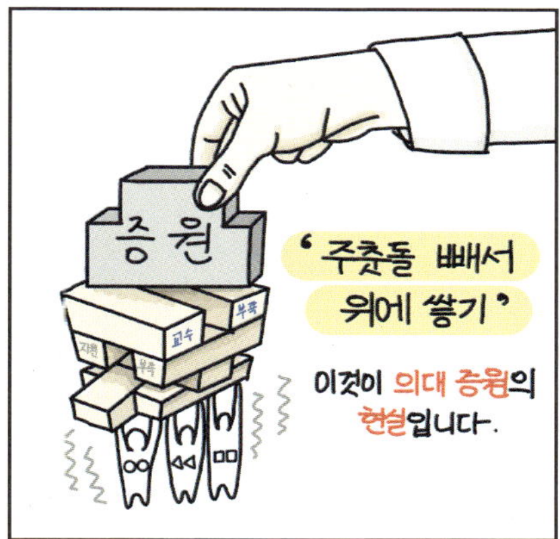

우리가 우려해야 할것은 의료 시스템 붕괴입니다. 제대로 된 의사를 양성하기 위해서는 그에 맞는 질이 보장되어야 합니다.

필수 진료 인력을 늘리기 위한 가장 효과적인 방법은 이들에 대한 처우를 개선하는 것입니다. 근본적인 문제 해결 없는 무분별한 증원의 결과는 몇 십년 안에 우리에게 고스란히 돌아오게 됩니다.

"일본은 2007년도에 의대 정원을 늘렸다가 예상한 결과와는 정반대로 의료자원 수급문제가 더욱 악화되었습니다. 일본은 코로나 사태에도 불구하고 2022년부터 의대 정원 감축을 결정하였습니다." (의학과 3학년 오지응)

슬기롭지 않은 공공의대

슬기로운 지 않은
공공의대

너희 지금 정부가 만들려고 하는 공공의대가 뭔지 아니?
지금 일만 할 때가 아니라 이걸 꼭 막아야 한다고!

공공의대를 설립 하겠습니다.
학생들은 전액장학금을 지원받는 대신, 졸업 후 10년간 의료취약지에서 의무 근무를 해야합니다.
보건복지부
보건복지부
정부에선 이렇게 발표했어.
하지만 이 정책이 효과가 있을까?

선생님, 그러면 공공의대 설립하고 의료 취약지역에 의무 근무시키면 의료분배 문제 같은 게 해결되니 좋은 거 아닌가요?
아니 이건 말도 안 되는 정책이야! 지금부터 설명해줄게!

1.위헌소지
의대생 여러분! 바이탈, 중증외상, 기초의학 중 하나만 골라. YES OR YES!
내가 원하는 전공을 선택하고 싶어.
내가 원하는 지역에서 일하고 싶어!
헌법 제 14조: 모든 국민은 거주, 이전의 자유를 가진다.
헌법 제 15조: 모든 국민은 직업 선택의 자유를 가진다.
먼저 이 정책은 대한민국 국민이라면
누구나 보장받는 헌법에 위배될 소지가 있어.

2.의료격차는 그대로
서울병원
10년 의무복무 금방끝나네! 의사로서 커리어를 채우면 겨우 2년만 더 근무하면 되는거였네!
근데 지방복무기간 중에 외국 갔다오거나 그냥 벌금내고 복무기간 안지키는 사람이 있으면 어쩌지? 허점이 너무 많네.
인원은 늘었는데 왜 아직도 사람이 없지.
지방 병원
또 10년간 지방에서 복무한 의사들은 결국
환자들이 더 많고 좋은 인프라와 환경을
갖춘 서울, 수도권 지역으로 이주할테니
결국 의료격차는 좁혀지지 않을 거야.

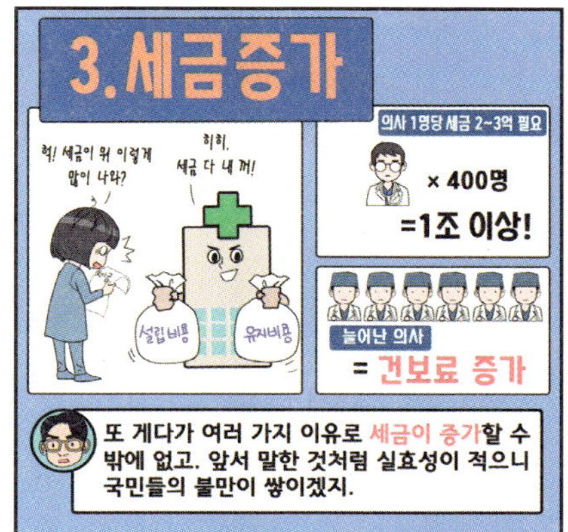

그러면 도대체 어떻게 하면 좋을까요?
공공 의대의 대안은 무엇일까요?

이에 대한 저희의 대답은 56-60p와 93-100p에서 보다 자세히 다루고 있습니다.

"앞으로의 한국 의료에 주역이 될 학생인 우리는, 공공재가 되기 위하여 길러지지 않았다.

하는 일이 국민의 건강을 생각하는 공적인 일이라 해서 존재 자체가 공공자원이지는 않은 것이다.

우리는 자유롭게 전공 과를 선택할 권리가 있고, 자유롭게 진로를 선택할 권리가 있다. 숭고한 일을 선택한 이들에겐, 그에 걸맞는 대우를 해 달라. 마음껏 선택하고 갈 수 있도록." (의학과 4학년 김보라)

첩약 급여화에 대해 알아보자

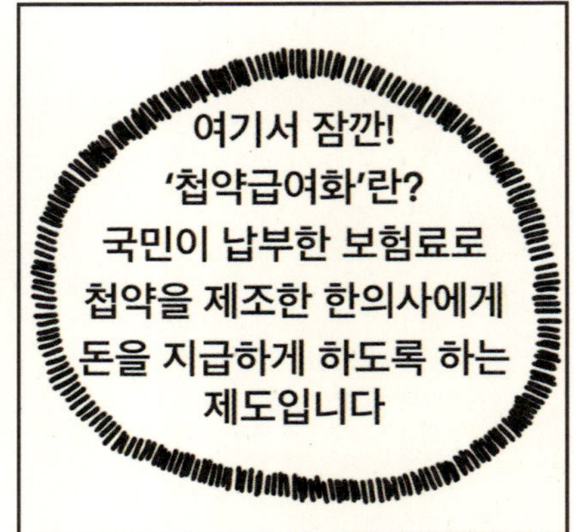

급여화가 되지 않아 효과 좋은 약이 있음에도 쓰지 못하는 암환자의 현실, 첩약(한약)의 급여화보다 생명이 촌각에 달린 환자들에게 그 혜택이 돌아가야 하지 않을까요?

현재 정부는 보장성을 높이기 위해 첩약(한약)급여화에 힘쓰고 있지만 정말 절실하게 필요한 임신·출산 부분, 중환자 의료나 중증 외상치료에는 문을 잠그고 있습니다.

위중한 환자, 죽어가는 암 환자들에게 국가의 도움이 절실합니다.

뒷돈 받는 나라

뒷돈 안 주면 수술 못 받는 나라.
30년 뒤 우리나라일지도 모릅니다.
슬쩍

뒷돈 줘야 수술받을 수 있는 나라들이 있죠.
중국
러시아

뒷돈을 더 많이, 먼저 지불한
사람이 먼저 수술받습니다.
내가 먼저야!
수술대 100m

중국 의사, 러시아 의사가 자기 밥그릇만
챙기는 '나쁜 사람들'이라서 그런 걸까요?
낄낄낄-

인간은 적응의 동물입니다.
처한 환경에 맞게 행동하게 되죠.

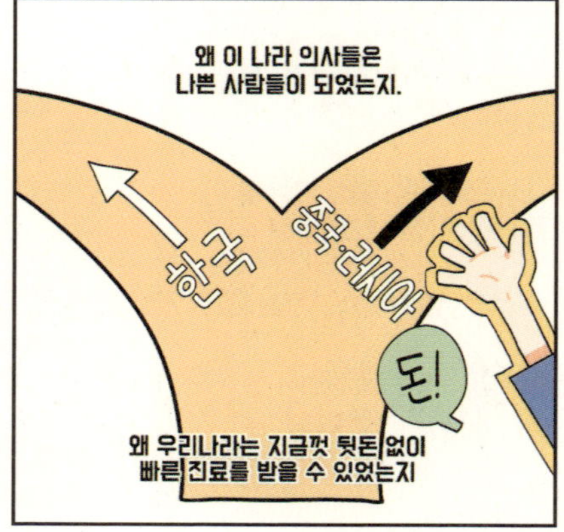
왜 이 나라 의사들은
나쁜 사람들이 되었는지.
한국
중국·러시아
돈!
왜 우리나라는 지금껏 뒷돈 없이
빠른 진료를 받을 수 있었는지

1. 제가 NGO에서 활동했을 때의 일입니다.

국경없는의사회.
여타 구호 기관들이 너무 큰 위험 때문에 꺼리는 지역에도 들어가 구호 활동을 펼치며, 유난히 구호 활동 중에 사망하는 사람이 많은 단체가 바로 국경없는의사회입니다.

아프리카와 같은 오지에서 일하는 국경없는의사회(NGO) 의사는 집세, 밥값, 사륜구동차 1대, 기름값을 포함한 체류비를 지원받습니다. 이와 별도로 한 달에 3000달러(355만원) 정도의 월급을 받습니다.

미국의 의사는 한 달에 2만 ~ 3만 달러(3000만원 내외) 정도의 월급을 받습니다. 이들에게 3000달러는 용돈 그 이상도 이하도 아닙니다. 이 돈을 가지고 맥주 한잔을 하거나, 가끔 거하게 파티를 하거나 그럽니다.

그런데 러시아나 쿠바 출신 의사는 좀 다르더라군요. 언제 집에 갈거냐. 자기는 절대 귀국 안 한답니다. 아니 적어도 자기 나라에서 의사 할 생각은 눈꼽만큼도 없다고 합니다.

러시아 의사들 월급이 어느 정도냐 하면 한 달에 300달러(35만원) 겨우 받는답니다.

예전 소련 망하기 전에는 거의 모든 국민이 그 정도 월급을 받았다고 합니다. 대신 나라에서 집 주고 생필품은 공짜로 공급했으니, 그 정도만 받아도 충분하다고 합니다.

단순 노동자든, 교사든, 의사든 다 비슷비슷하게 받고 살았지만, 노동자보다는 교사가, 교사보다는 의사가 더 존경받고 대우받았다고 합니다.

뒷돈 받는 나라

그러다 소련이 망하면서 사회 전체가 자본주의가 되었는데, 의료만은 끝까지 국가에서 놓지 않고 무상의료를 고집하고 있답니다. 그쪽 나라 생각에 의사는 공공재니까 어찌보면 당연한 얘기겠지요.

다른 직종은 자본주의가 되면서 월급도 부기지수로 뛰고, 물가도 몇십 배로 올랐는데, 의사 월급은 딱 잡고 놔주지 않으니, 의사하다가는 굶어 죽기 딱 좋답니다.

대부분의 의사들은 다들 고국을 등지고 떠났고요. 못 떠난 의사들도 다들 직업을 바꿨다고 합니다. 화물 자동차 운전을 많이 한다고 합니다.

결국 지금 러시아에서 일하는 의사는 극소수. 돈 잘 버는 외국인 전용병원 의사, 돈 잘 버는 남편을 둔 여의사가 전부랍니다.

그 친구 말이 자기 나라 생각하면 가슴이 아프다. 하지만 내 나라에서 의사 안 한다. 차라리 열대를 떠돌면서 이렇게 봉사하는 것이 더 보람 있고, 경제적으로도 낫다고 합니다.

*2. 왜 기피과를 기피하게 될까요? **

생명과 직결된 기피과에서 나타나는 기형적으로 낮은 저수가를 고려하지 않고서는 이를 완벽하게 이해하기는 힘들겁니다

몸무게 1000g 이하의 미숙아 괴사성 장염 수술에는 소아외과 전문의가 2명, 마취과 의사 1명, 간호사 여러 명이 필요합니다.

10년이 넘는 수련 기간이 필요한 이 소아외과 미세수술의 수가는 100만원이 안 됩니다.

인건비와 수술에 동원되는 장비, 기구, 약제값조차도 안 되는 가격입니다.

외과 의사가, 흉부외과 의사가 사람을 한 명이라도 더 살릴수록 병원은 적자를 볼 수밖에 없습니다.

수십 년의 수련 기간을 포기하고 미용 병원에 취직할 수밖에 없는 현실은 뒤로 한 채,

무작정 의사 수를 늘린다고 문제가 해결되지 않습니다.

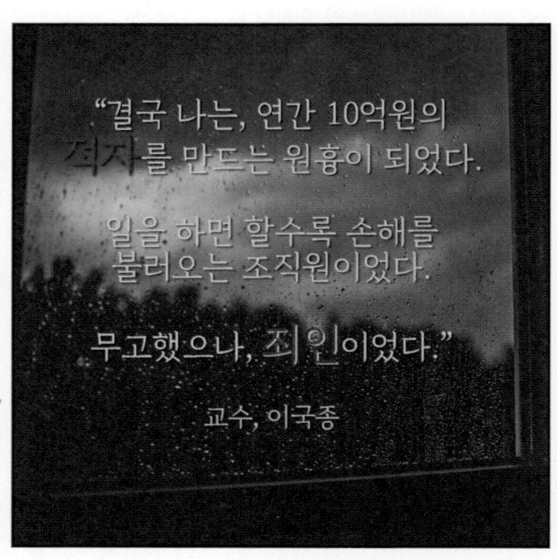

* 원작자의 허락을 받고 일부 발췌하여 작성하였습니다.

Chapter

3

카드 뉴스

1. 첩약 급여화

**"이번 정책 중 하나인 첩약의 급여화에 대해 이야기하고 싶다.
건강보험공단의 적자는 문재인 케어와 코로나-19 이후
그 어느 때보다 큰 폭으로 증가하고 있다.**

**보건복지부는 의학적으로 우선순위에 있지 않고 과학적 검증이
부족한 첩약의 급여화에 왜 재정을 쏟으려 하는지에 대해
국민에게 해명해야 한다.**

결국 이 정책의 피해자는 국민들이 될 것이다."

(의학과 2학년 강현준)

누구를 위한 정책인가!
첩약은 되고,
항암제는 안된다?
'무논리적이다' 그리고 '분노를 느낀다'
암 환자 시각에서 본 '첩약 급여화'
세계적으로 효과가 입증된 면역항암제조차
돈이 없어서 급여 적용이 어렵다는 정부가
필수적이지도 급하지도 않은 한방 첩약에
대해서는 건강보험 적용을 강행하고 있다.
한국폐암환우회 이건주 회장님 연대사 중 일부 발췌

효능 입증된 항암제는
환자 돈으로
효능 입증 안된 첩약은
나랏 돈으로

2. 원격 의료

다음은 실제 사례를 바탕으로 작성하였습니다.

"응급환자가 진료를 받았습니다. 매우 어지럽다고 합니다.
눈으로 보기에 이상이 없었습니다. 하지만 이 환자의 진단명은 복부 내 출혈이었습니다."

이 환자가 청진(듣는 진단), 촉진(만지는 진단), 타진(두드리는 진단)이 없었다면 살 수 있었을까요?

원격진료는 모니터로만 진단되어 잘못된 처방을 불러일으킬 수 있습니다.
또한 경증 환자의 불필요한 진료를 늘려 의료비를 과도하게 상승시킬 수 있습니다.

4대악 의료정책

원격의료의 확대

에 대해서 알아볼까요?

정부는 국내 의료기관이 전화 · 화상 등을 통해 재외국민에게 의료상담 · 진료 등의 서비스를 제공하고, 환자 요청 시 처방전을 발급한다는 내용의 원격의료 확대에 대한 임시허가를 부여했다.

코로나 19 진단에는 효과가 없다!

코로나19는 증상만으로 다른 감염성 질환과 구분이 불가하고 의심이 된다면,

가능한 빨리 확진검사를 받는 것이 최선이다

- 전화,화상 상담을 통해 100% 코로나 진단, 처방은 불가능
- 비대면 진료시 대면 진료보다 오진 발생률이 급격히 증가

재외국민을 위한 원격의료?

국내 의사가 해외에 있는 환자에게 처방전을 발급하더라도 외국에서 이 처방전에 따라 약을 조제받거나 처치를 받을 수 없다

원격의료확대의 끝은 영리추구?

원격의료는 결국 플랫폼을 제공하는 기업과 산업계의 경쟁을 촉발함과 동시에 불필요한 수요를 증가

결국, 극단적인 영리추구로의 진행

경증 환자를 놓고 대형병원과 동네의원이 경쟁을벌이는,
그야말로 무질서한 의료전달체계 형성

결국,
동네의원의 몰락과 대형병원으로의 편중 극대화

→ 기초 의료 인프라의 붕괴

이밖에도 다양한 문제점이...

원격의료로 오진이 일어나면...
책임을 누가 져야 하지?

의사가? 화상 기기를 만든 기업이?

결국에 약국에는 약을 받으러 가야되는 거 아니야?

응급 상황에서는 어떻게 하지?

코로나19 방역을 위해 일시적으로
진행하던 원격의료에 대해
반대하는 것이 아닙니다 !

저희는 그저,

무분별한 원격의료의 확대에
반대합니다

원격 의료의 도입은 종국적으로 지방 의료 인프라의 붕괴를 초래할 수 있습니다.

이왕 원격으로 진료를 받으실 수 있다면 여러분은 대형 병원에서 원격 진료를 받으시겠습니까? 동네 의원에서 원격 진료를 받으시겠습니까?

실제로 중앙대책안전본부의 자료에서 코로나-19 시기에 전화 처방 기관별 건수를 살펴보면 의원급에서는 26건, 병원급에서는 204건으로 기록되어 있습니다.*
상급 의료 기관으로의 쏠림 현상이 나타난 것이지요.
*병원이 의원보다 상급 의료 기관입니다.

원격 의료를 시행하는데, 굳이 약을 약국으로 받으러 가야 하는 것은 이치에 맞지 않기에, 정부는 원격 화상 투약기에 대한 시범 사업 역시 추진하고 있습니다.

지방 의료 인프라가 망가지면 그 피해는 결코 의ㅅ-에게만 돌아가지 않습니다.
의원과 병원에서 근무하는 간호사와 간호 조무사의 일자리도 줄어들 것이고,
동네에서 부담 없이 동네 의원에 방문하는 일조차 쉽지 않을 수 있습니다.

더욱 놀라운 것은 이러한 정책이 변변찮은 논의조차 없이 진행되고 있다는 것입니다.
저희는 원격 의료 그 자체를 반대하는 것이 아닙ㄴ 다. 충분한 숙의없이 졸속으로
진행되는 원격 의료의 확대를 반대할 뿐입니다.

3. 공공 의대 신설

정부는 부족한 지방의 의료 인력을 채우기 위해 공공 의대라는 카드를 꺼냈습니다.
이 정책이 실효성이 있을까요? 정답은 NO입니다.

공공의대 설립은 당장 실효성이 적고 비용적으로도 불리합니다.
의료취약지역의 의료를 강화하기 위해 300병상 이상의 종합병원과 지역거점 병원을 설립하고 접근성을 높이는 것이 더 효율적일 것입니다.

300병상 이상 종합병원이 없는 지역은 사망비가 높게 나타나고,
300병상 이상 종합병원 또는 지역거점 의료기관이 없는 지역은 중등도 보정 사망비가 높게 나타납니다.

우리나라처럼 의료 접근성이 높은 나라에서 당장 필요한 것은 의사가 배출되기까지는 10~15년의 기간이 필요하고, 4조 원이라는 막대한 세금이 드는 공공 의대가 아닙니다.

300병상 이상의 종합병원과 지역거점 병원을 확충하고,
전문의가 의료취약지에 적절히 분배될 수 있도록 시스템을 정비하는 것이 필요합니다.

공공의대 설립, 굳이 왜?

세금 4조원이나 들어가는데, 반쪽짜리 부실정책이라니!

공공의대 설립과 무상교육실시, 교수진 구성에만
세금 약 4조원이 들어갈 것으로 예상된다.
그런데 잠깐! 실습병원, 수련계획은 어디에? 수련병원 없이
의사만 배출하려는 정책은 제2의 서남의대를 만드는 꼴!

지역의료 불균형 해소?

현재 지역의료 불균형은 지방의 적은 인구, 저수가로 인해
적자만 늘어나는 큰 수술을 할 수 있는 '병원'이 없기 때문.
이를 해결하기 위해서는 공공의대가 아닌 '공공병원'을 짓고
필수 의료 수가를 개선하는 것이 먼저이다.

공공의대 설립? 처우개선이 먼저!

비인기 전공과 부족?

의사의 수가 부족한 것이 아니라 시스템의 문제이다.
기피과는 낮은 의료가격으로 인해 환자를 볼수록 적자가 나고
각종 의료분쟁에 휘말리는 등, 의사가 짊어져야할 위험부담이 크다.
의사의 수를 늘리는 것 보다도 기피과 의사의 처우개선이 중요하다.

기초의학 연구자 양성?

의대교육에는 여러과목을 접하면서 적성을 찾아가는 것도 포함된다.
기초 연구를 하라고 강요받는 것은 개인선택의 자유에 위배된다.
기초연구에 대한 처우를 개선하여 기초의학에 흥미를 갖고
선택할 수 있는 환경을 만들어 주는 것이 필요하다.

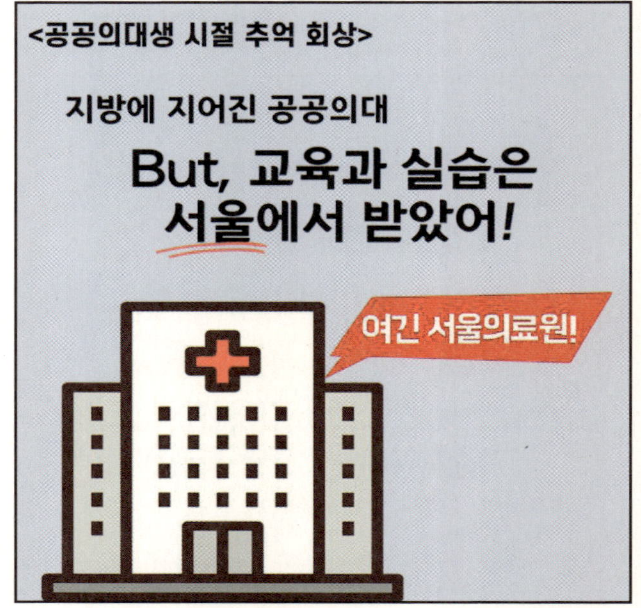

의료 취약지에 소재한 병원은 교육 병원 기준조차 미달되기에
실제로는 대부분 수도권, 적어도 도시 지역에서 수련받게 될 것입니다.

<공공의대 졸업 후1>
TALK
명색이 정책인데 아직 어떤 과로 제한을 둘지 정해진 바 없대!
뭐? 그럼 어떤 과든 선택 가능한거네!
거기다 장관이 지정한 과는 수련기간의 1/2을 복무기간으로 인정해준대!
대박! 복무기간을 금방 채울 수 있으니까 서울로 빨리 올라갈 수 있겠다 개꿀~

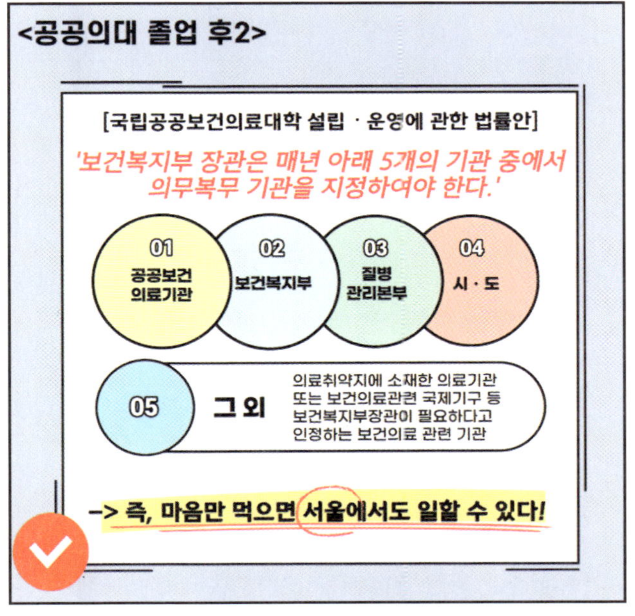
<공공의대 졸업 후2>
[국립공공보건의료대학 설립 · 운영에 관한 법률안]
'보건복지부 장관은 매년 아래 5개의 기관 중에서 의무복무 기관을 지정하여야 한다.'
01 공공보건 의료기관
02 보건복지부
03 질병 관리본부
04 시 · 도
05 그 외
의료취약지에 소재한 의료기관 또는 보건의료관련 국제기구 등 보건복지부장관이 필요하다고 인정하는 보건의료 관련 기관
-> 즉, 마음만 먹으면 서울에서도 일할 수 있다!

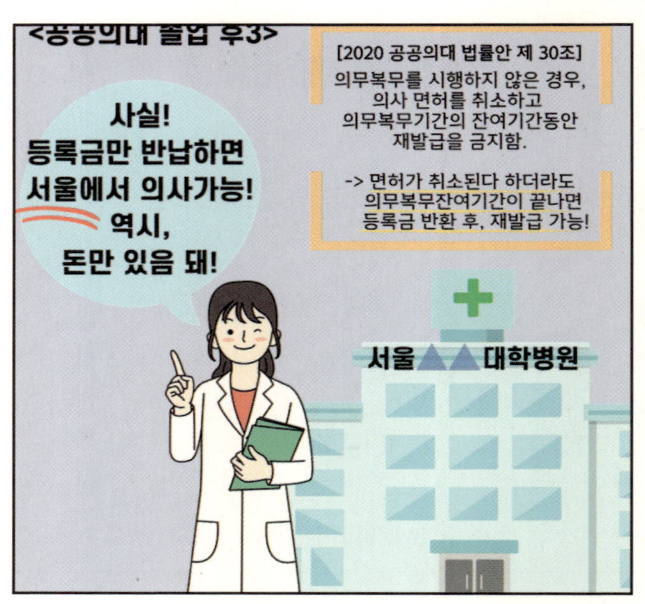
<공공의대 졸업 후3>
[2020 공공의대 법률안 제 30조]
의무복무를 시행하지 않은 경우,
의사 면허를 취소하고
의무복무기간의 잔여기간동안
재발급을 금지함.
-> 면허가 취소된다 하더라도
의무복무잔여기간이 끝나면
등록금 반환 후, 재발급 가능!
사실!
등록금만 반납하면
서울에서 의사가능!
역시,
돈만 있음 돼!
서울▲▲대학병원

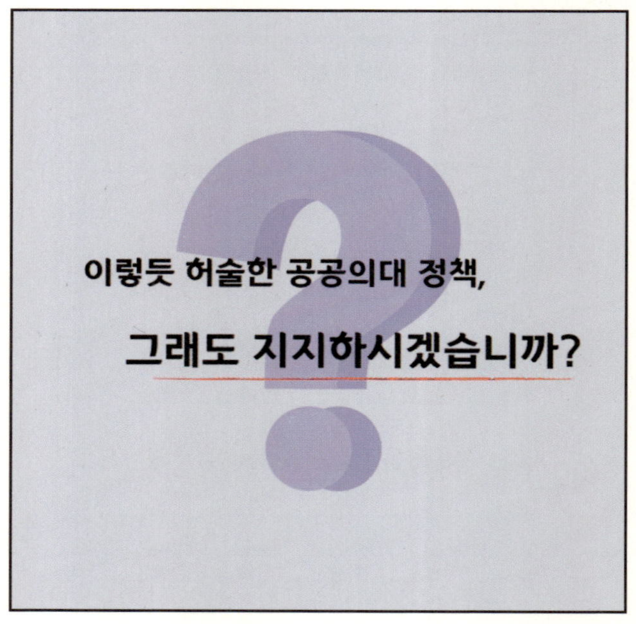
이렇듯 허술한 공공의대 정책,
그래도 지지하시겠습니까?

4. 의대 정원 확대

정부는 필수의료의 공백을 의사 증원을 통해 채울 수 있다고 말하고 있습니다.

필수의료 공백은 무엇때문에 생겨난 것이던가요?

산과, 소아외과, 흉부외과 등 가장 어렵고 위험한 필수의료 분야의 수가가 제대로 책정되지 못해 병원은 수술을 할수록 적자가 나 이 분야의 의사채용을 줄여가고 있습니다.

환자를 살리겠다는 일념 하나로 10년이 넘게 공부하고 수련한 뒤에 돌아오는 것은 위험한 수술, 끝없는 당직, 갈 곳 없는 현실입니다.

단순히 인원만 늘려놓는다고 과연 이 어려운 상황에 뛰어들 사람들이 늘어날까요?

지금도 의사가 부족해서 필수의료의 공백이 있는 것이 아닙니다.
다만 현실이 그 길을 택하기 어렵게 만들고 있습니다.
혈세만 낭비하는 의사 증원 정책, 결코 의료붕괴의 해결책이 될 수 없습니다.

의사 4000명 증원시
세금 1조 바사삭
전공의협의회에 따르면 의사 1명을 양성하는데
세금 2~3억이 추가로 든다고 합니다
현재 의료인력 규모가 부족한 것이 아니라
분배가 제대로 이루어지지 않는 것이 문제입니다
근본적 해결책은 비인기과 처우개선입니다

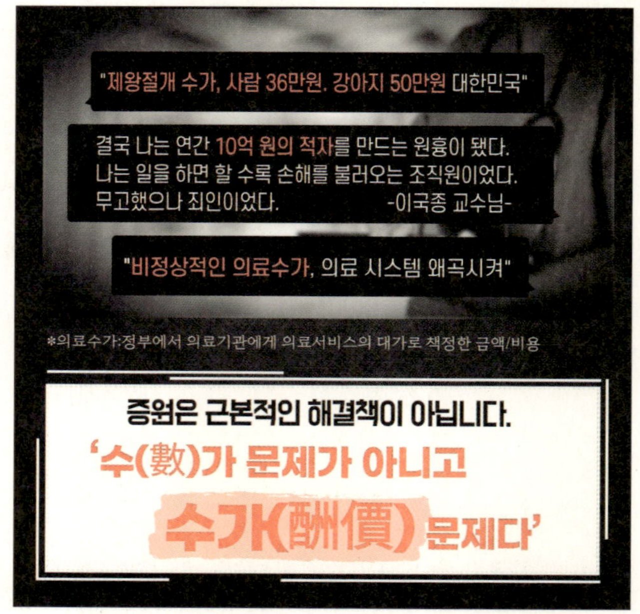
"제왕절개 수가, 사람 36만원. 강아지 50만원 대한민국"
결국 나는 연간 10억 원의 적자를 만드는 원흉이 됐다.
나는 일을 하면 할 수록 손해를 불러오는 조직원이었다.
무고했으나 죄인이었다. -이국종 교수님-
"비정상적인 의료수가, 의료 시스템 왜곡시켜"
*의료수가:정부에서 의료기관에게 의료서비스의 대가로 책정한 금액/비용
증원은 근본적인 해결책이 아닙니다.
'수(數)가 문제가 아니고
수가(酬價) 문제다'

5. 우리가 하고 싶은 이야기

01. 의사도 '노동자'입니다

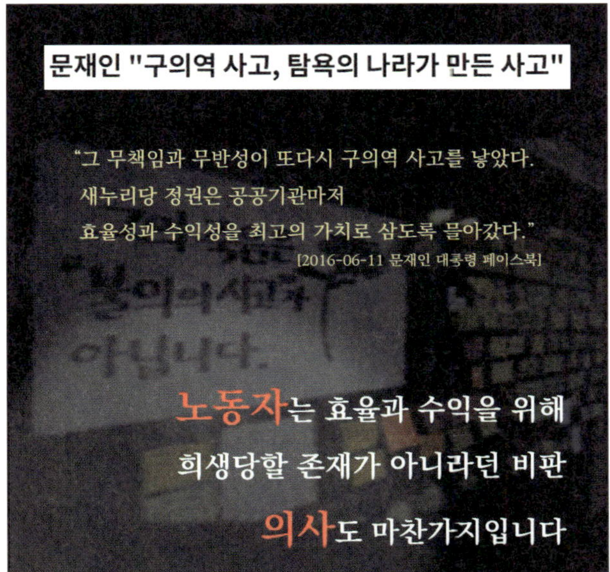

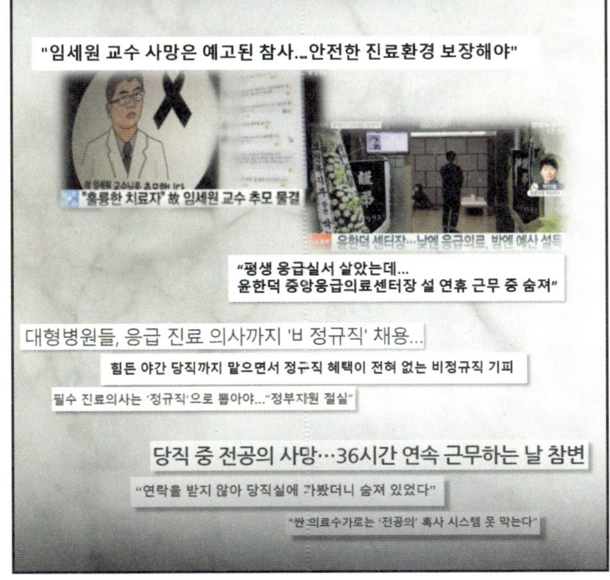

목숨을 위협받는 진료환경, 미래가 불투명한 비정규직,
저수가가 만들어낸 과중한 업무로 인한 과로사...
정부가 외면한 대한민국의 필수의료는
의사들의 헌신과 사명감만으로 위태롭게 지탱되고 있습니다.
의사양성과 노동에 아무런 책임이나 의무를 진 적이 없는 국가가
의사를 공공재로 여길 자격이 있나요?
대화와 협의로 풀어 나가자구요? 저희는 계속 외쳐왔습니다.
하지만 열악한 현실은 달라진 것이 없습니다.
현장의 목소리는 무시한 채
의사에게 더 큰 희생만을 강요하고 있는 정부에게 묻습니다.

의사들은 죽어도 되는 목숨인가요?

02. 대화를 하자더니 …

앞에선 대화로
뒤에선 협박으로
실상은 통보
대화하자 할땐
무시하더니 파업하니까
의료계의 파업에 따라 정부는 대화로 해결하자고 했지만
복지부는 4일 전국 수련병원에 '전공의 복무 관리·감독 철저 및
복무 현황 자료 제출 요청' 공문을 발송했다
이는 전공의들이 파업에 동참하지 못하도록 수련병원 차원에서
막으라고 압박하고 있는 것으로 협박과 다름 없다

앞에선 덕분에
뒤에선 X무시

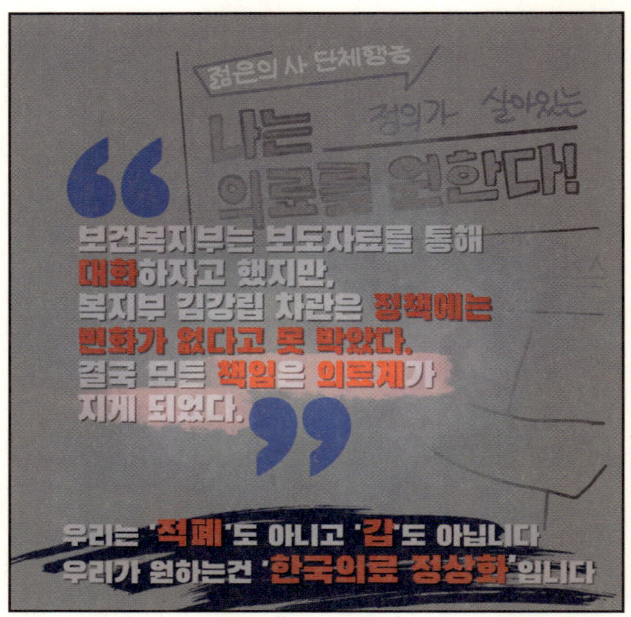

정부는 앞에서는 의료인을 포함한 국민 덕분이라며 우리를 추켜세우지만, 뒤에서는 정부 입맛대로 정책을 펼치고 있습니다.

저희가 진정으로 원하는 바는 해당 분야의 전문가와 충분한 협의를 거쳐 단계적으로 사회적 합의를 도출하는 것일 뿐입니다.

잘못된 의료정책에 대해 잘못되었다고 말하는 것이 '우리의 의무'이기에 의대생들과 의료인이 한 목소리를 냅니다. 우리의 목소리를 들어주세요. " (의학과 4학년 남아름송이)

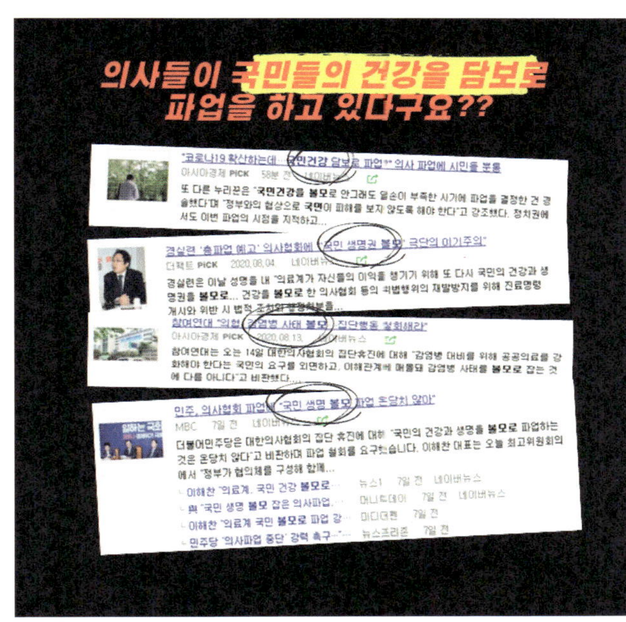

저희는 단 한번도 국민들의 건강을 볼모로 잡은 적이 없습니다.

> 적어도 코로나 종식 때까지 정책을 중단하거나, 스타팅 포인트로 돌아가 의사들과 함께 연구하고 논의해서 또 똑같이 증원해야한다는 결과가 나오면 따르겠다는 이야기를 했음에도 불구하고 합의점을 찾을 수 없었습니다.
>
> [원우식 기자 ssikssik@chosun.com]

- 19일 오후 박능후 보건복지부 장관과 최대집 대한의사협회 회장이 의정간담회에 참석한 내용을 조선일보기사에서 발췌했습니다.

의협은 전공의 파업으로 인해 국민들이 입을 피해를 고려하여 코로나 종식때까지 정책을 중단하자고 요청했으나, 정부는 이를 거절했다.

국민들의 건강을 볼모로 잡고 있는 것은 진정 누구인가

03. 건강 보험료는 점점 증가할 겁니다

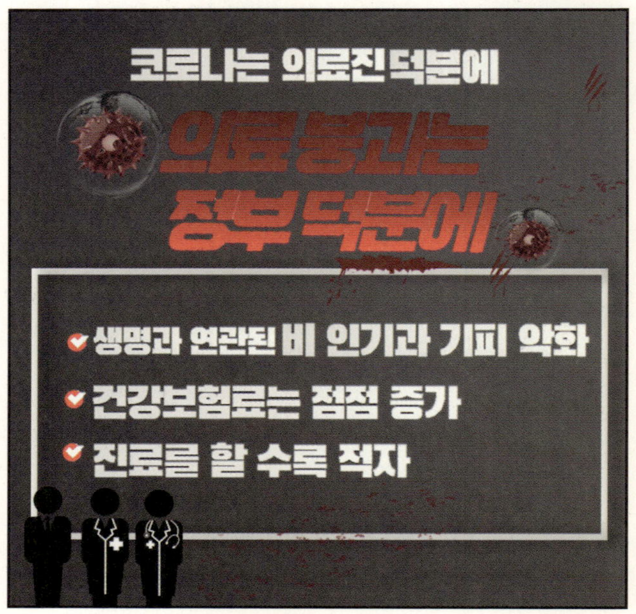

우리나라는 의사 수가 부족하다고 합니다.

우리나라가 정말 의사 수가 부족할까요?

우리나라의 OECD 면적당 의사 수는 세계3위 입니다.

인구 1000명당 활동 의사 수도 3.1%로,
OECD평균 0.5%에 비해 월등히 높은 세계 3위 입니다.

그렇다면, 의사 수가 늘면 좋은 걸까요?
현재 건강 보험 적립금은 2019년도 부터 2024년까지 적자로 나타날 것이라고 예상되고 있습니다.

의사 수가 늘어나면 현재보다 불필요한 진료가 증가할 것이고,
불필요한 지출 역시 증가하게 될 것입니다.

이 모든 비용을 감당하는 것은 국민의 세금, 즉 국민의 몫입니다.

04. '의사 수'가 부족하다고요?

<'국민 1인당 활동 의사 수' 통계의 문제점>

1. 나라마다 의사 수 판정 기준이 달라서 객관적인 비교 자료로 쓰일 수 없습니다.
(은퇴 의사 포함 여부, 전공의 포함 여부, 비활동 의사 포함 여부 등이 국가마다 다릅니다.)

2. 국토 면적, 그 나라의 의료 수준(기술, 인프라), 의료 수가 등등을 전혀 고려하지 않은 지표이기에 의료 질과 연관이 적습니다.

3. OECD에서 국민 1인당 활동 의사 수가 가장 높은 나라인 그리스는 각종 검사, 처치, 약제비 지출이 OECD에서 최고 수준이며 의료 수준이 유럽에서 가장 낮은 나라로 평가받고 있습니다.*

4. 스웨덴, 이탈리아, 스페인 등 우리나라보다 국민 1인당 활동 의사 수가 월등히 높은 나라는 코로나-19 방역에 실패하였습니다.**

5. 국민 1명당 의사 외래진료 횟수(의료 접근성)은 이미 한국이 OECD 1위입니다.

* SDSN에서 2020년 6월 발간한 Sustainable development 2020에 따르면 그리스는 의료 수준이 부족한 나라이지만 엄격한 조기 대응 덕분에 코로나-19 방역에서 비교적 높은 수치인 0.71점을 기록했습니다. 한국은 0.9점으로 세계 1위입니다.

**2017년 OECD 기준으로 한국의 국민 1인당 활동 의사 수는 2.3, 스웨덴은 4.1, 이탈리아는 4.0, 스페인은 3.9입니다. (OECD 평균은 3.4) 이들의 코로나-19 방역 점수는 각각 0.61, 0.49, 0.39점입니다. (스페인은 조사 대상국 중 최하위)

04. '의사 수'가 부족하다고요?

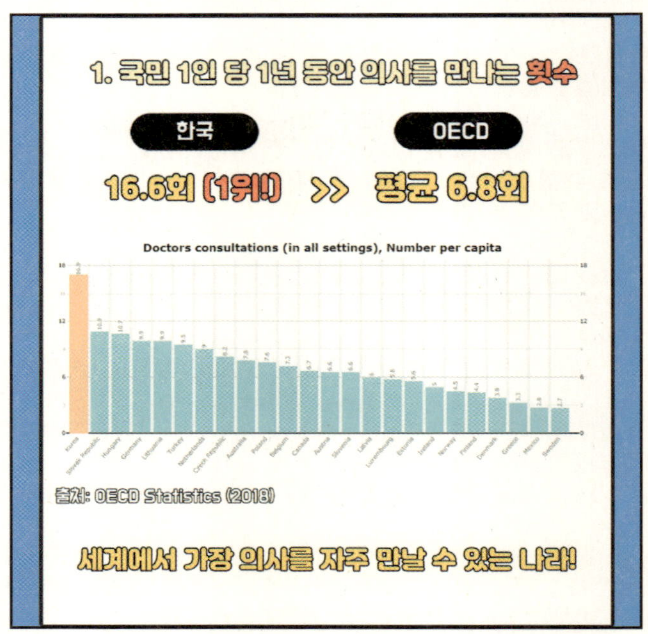

2. 아플 때 이틀 내로 진료받을 수 있는 환자 비율

한국

세계에서 가장 쉽게 진료 받을 수 있는 나라!
방문 당일 99.2% 진료 가능!

출처: 한국 보건사회연구원 의료서비스 경험조사 (2019)

0% 25% 50% 75% 100%

Australia 67%
Canada 43%
France 56%
Germany 53%
Netherlands 77%
New Zealand 76%
Norway 43%
Sweden 49%
Switzerland 57%
United Kingdom 57%
United States 51%

OECD

적게는 다섯 명 중 한명,
많게는 방문 환자의 절반이
이틀 내 진료 불가

출처: Common Wealth Fund (2016)

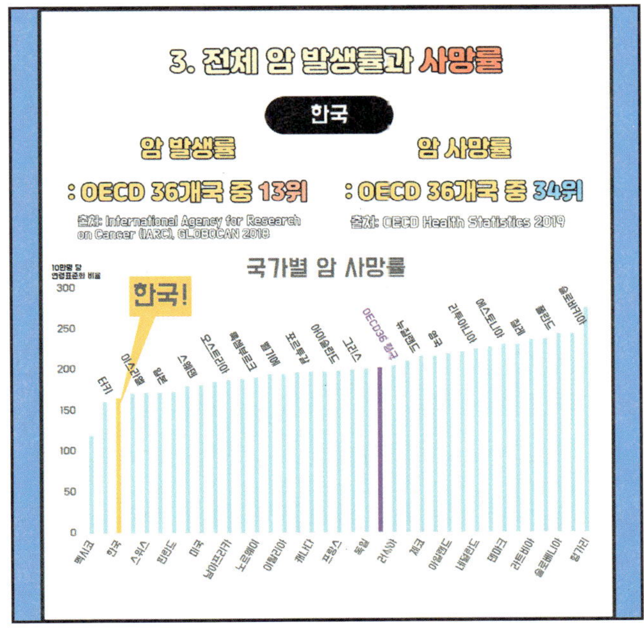

04. '의사 수'가 부족하다고요?

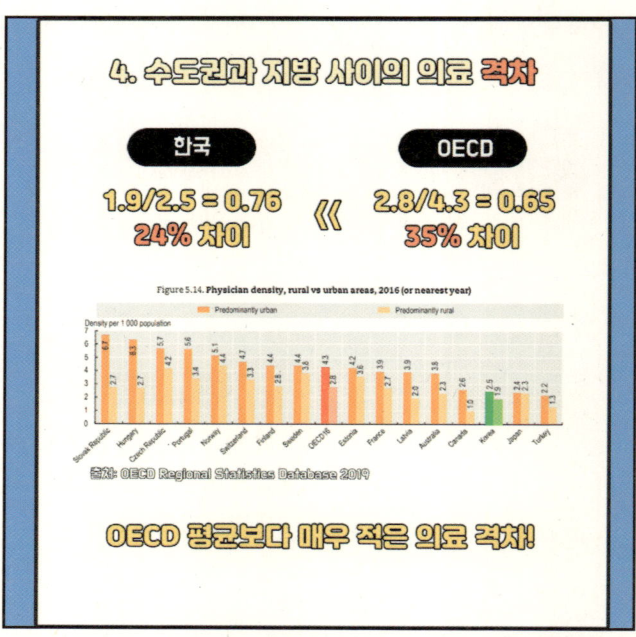

전 세계에서, 가장
쉽게, 빠르게, 훌륭하게 진료 받을 수 있는 나라,
대한민국입니다.
자랑스러운 우리 의료의 대체 어디가 '부족' 한가요?

리오넬 메시는 키가 작지만 부족한 선수가 아닙니다.
한국은 의사 수가 부족한 나라가 아닙니다.
말장난 같은 의사 수 통계에 속지 마세요!

Chapter

4

팩트 체크

Q1 의사 수 부족하다는데?

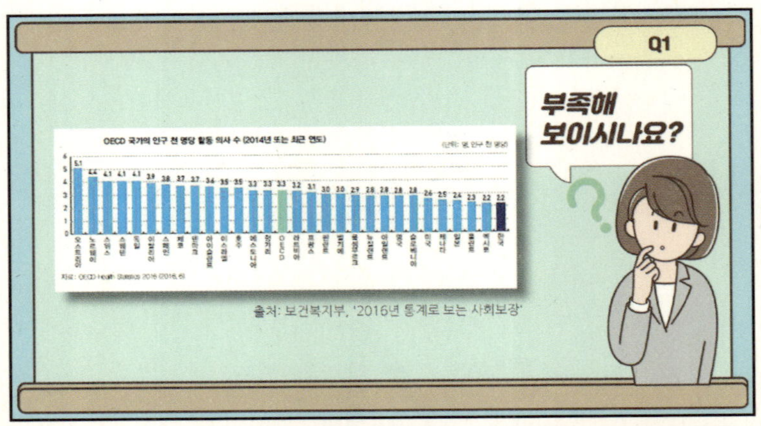

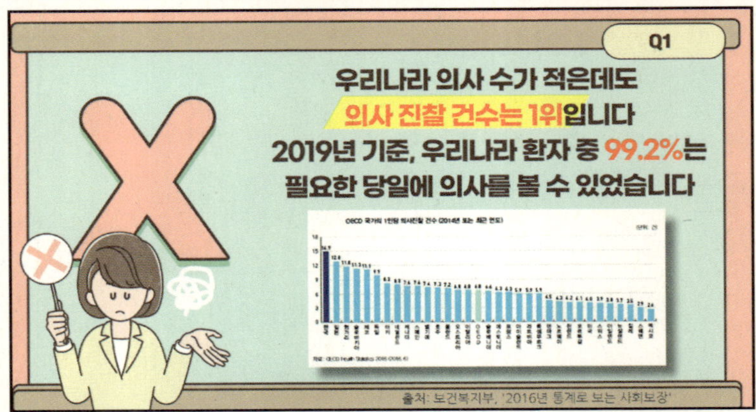

2019년 의료서비스경험조사 (한국보건사회연구원, 보건복지부 용역 과제)에 따르면 국민의 99.2%는 원하는 날에 외래 진료를 받을 수 있고, 진료 접수 후 대기 시간은 19.9분에 불과합니다.

Q2 밥그릇 싸움이다?

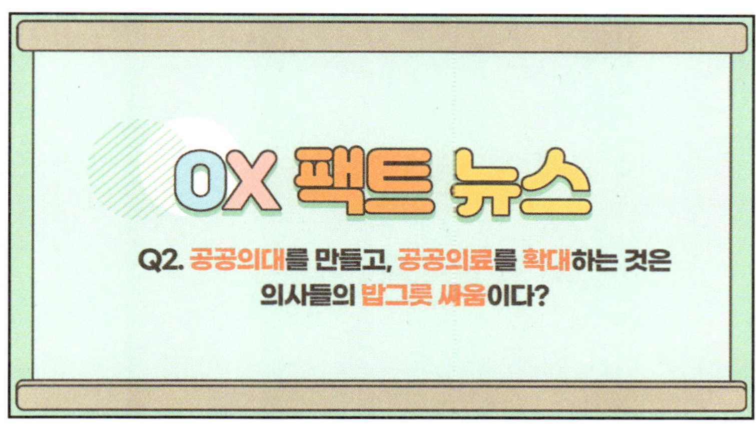

OX 팩트 뉴스
Q2. 공공의대를 만들고, 공공의료를 확대하는 것은
의사들의 밥그릇 싸움이다?

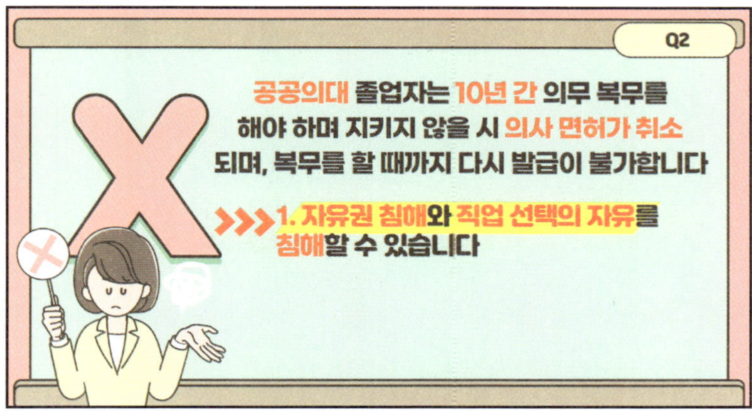

Q2
공공의대 졸업자는 10년 간 의무 복무를
해야 하며 지키지 않을 시 의사 면허가 취소
되며, 복무를 할 때까지 다시 발급이 불가합니다
1. 자유권 침해와 직업 선택의 자유를
침해할 수 있습니다

Q2
2. 악용의 소지가 있습니다
기피과로 보내면 된다고?
히포구라테스선서
양산의 지름길인걸
저는 비인기과 전문의가 되어 평생 의료 취약 지역에서 공공의료의 발전에 힘 쓰겠습니다.
당연히 구라지~ 10년 후에 재교부 받아서 서울에서 인기과 수련할거야! 지방 비인기과에서 누가 평생을 고생해
안녕하세요.
김공의입니다!

Q3 필수 인력을 늘리는 거 아냐?

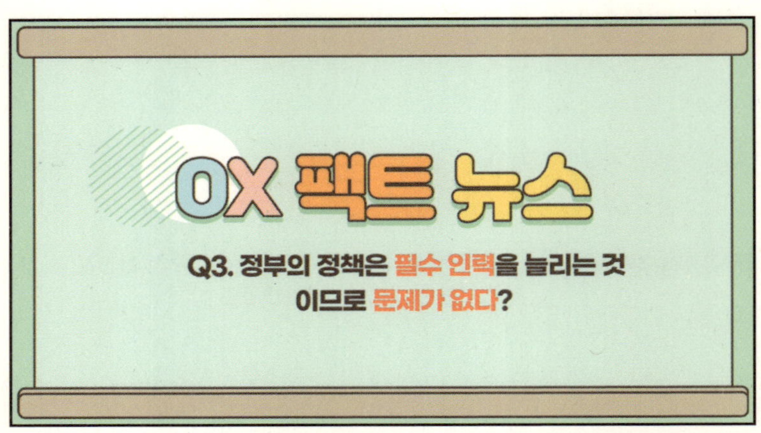

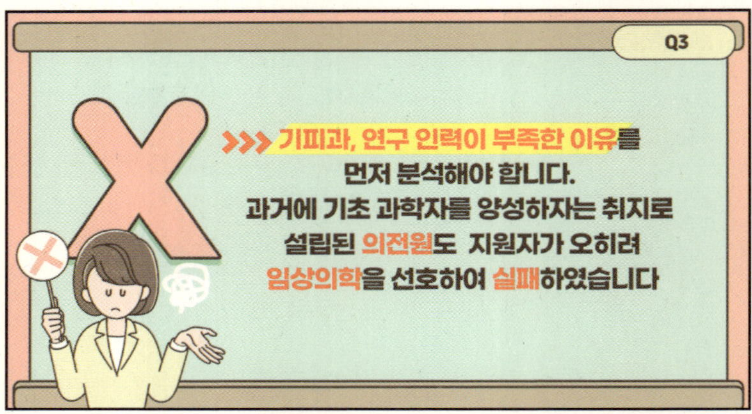

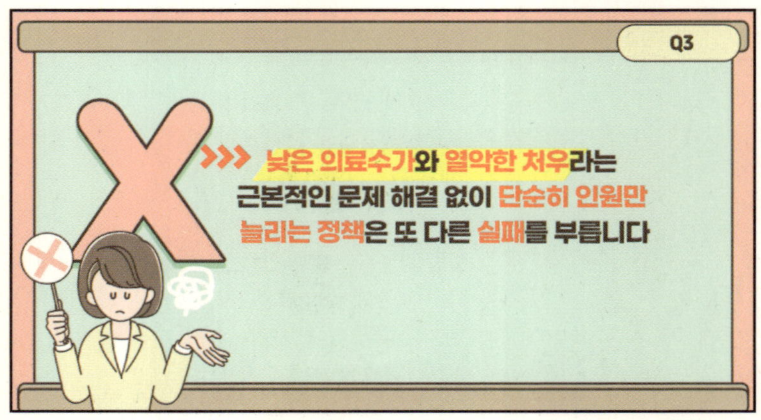

Q4 의사 수가 늘면 좋은 거 아냐?

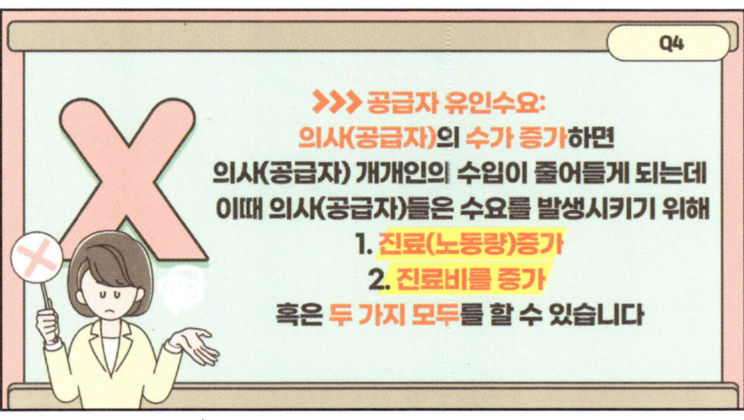

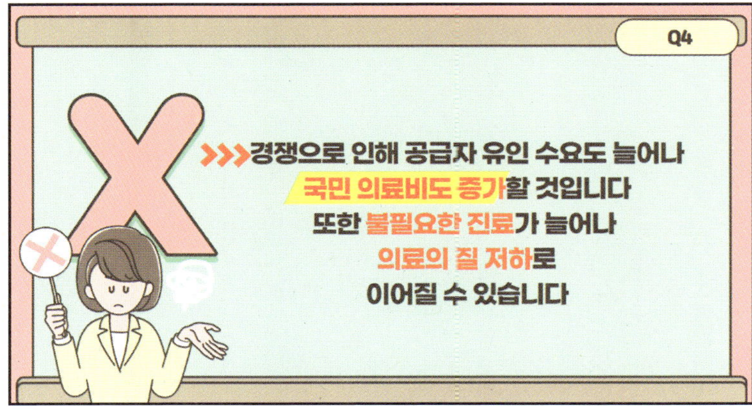

Q5 의사가 사명감이 있어야지

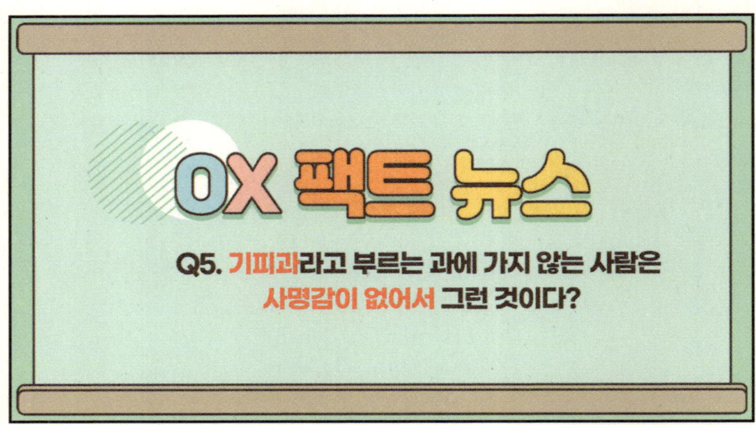

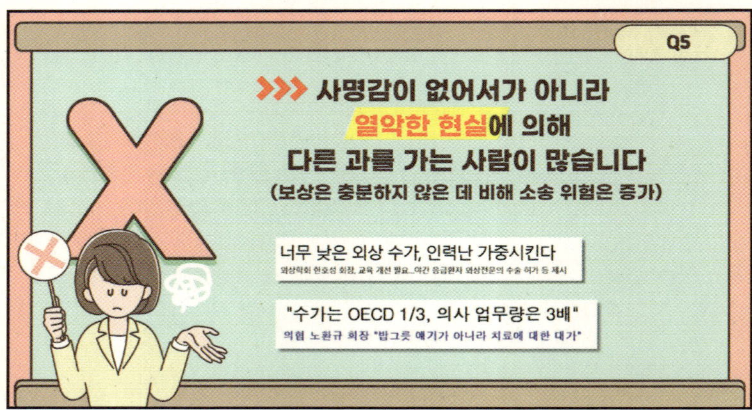

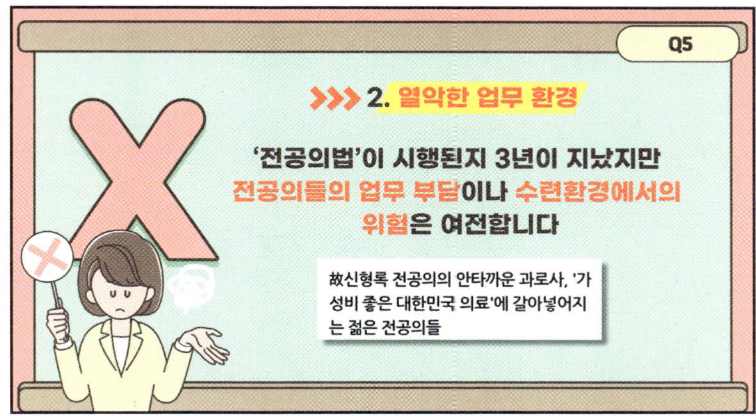

Q6 한약이 싸지면 좋은 거 아냐?

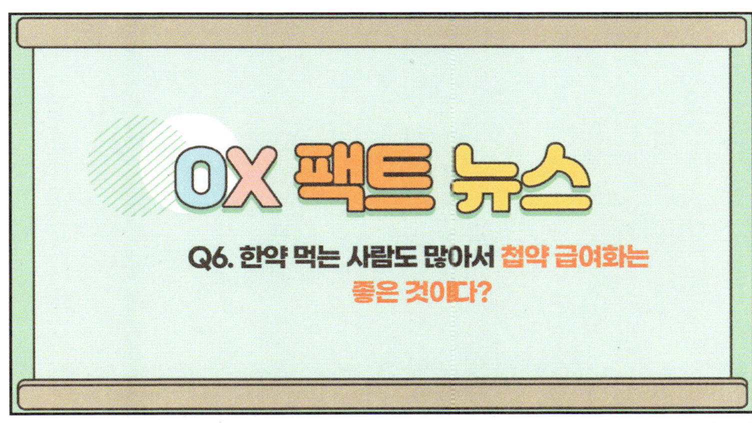

Q7 수가 늘면 어쩔 수 없이 기피과와 지방으로 간다고?

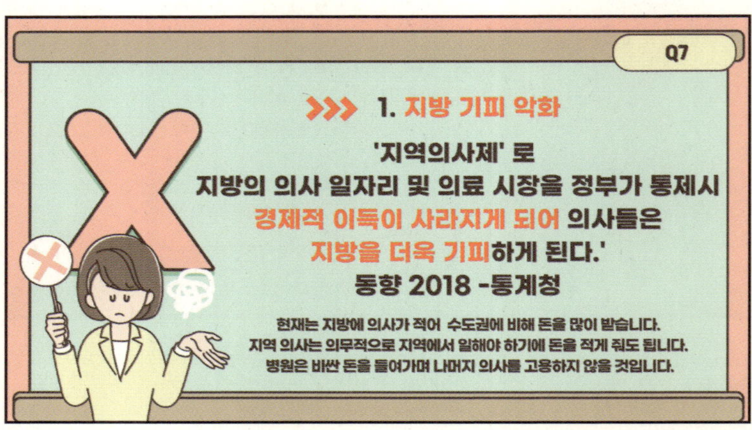

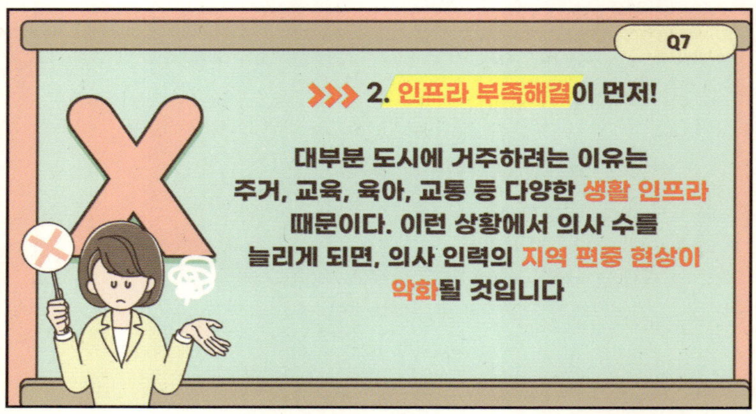

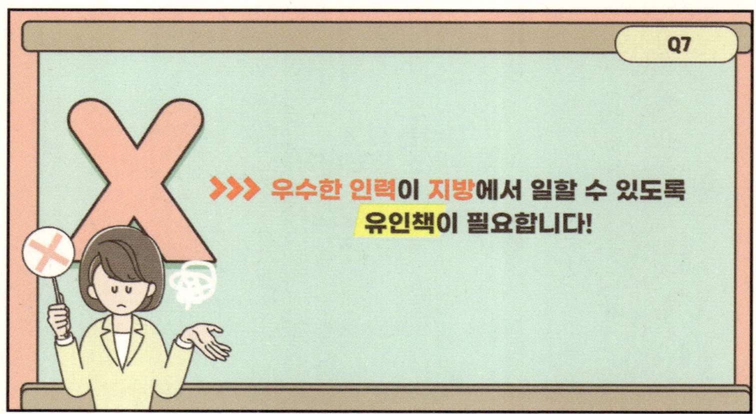

Chapter

5

'의료4대악' 그게 도대체 뭔데?

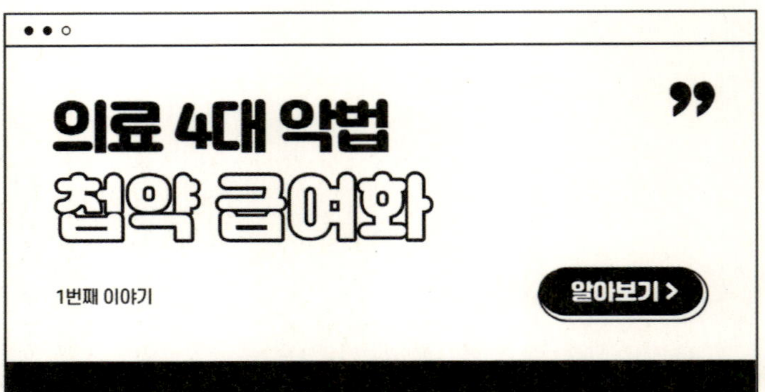
의료 4대 악법
첩약 급여화
1번째 이야기
알아보기 >

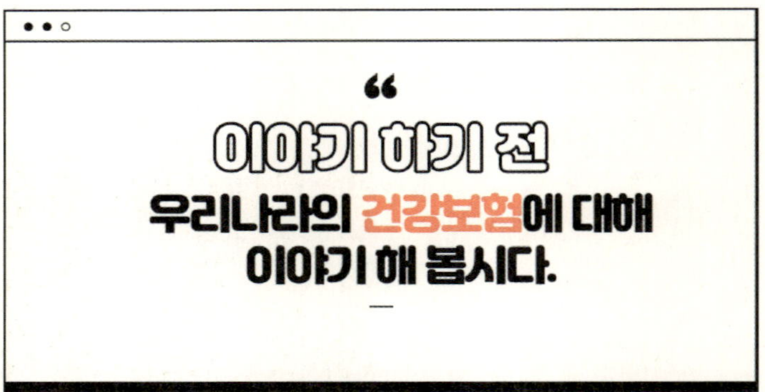
이야기 하기 전
우리나라의 건강보험에 대해
이야기 해 봅시다.

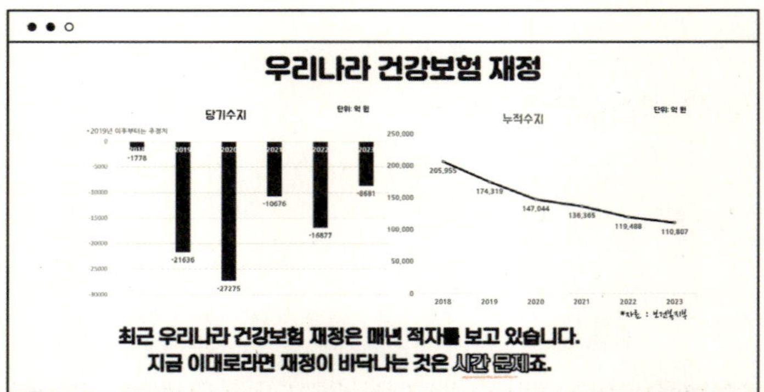
우리나라 건강보험 재정
당기수지
단위: 억 원
2019년 이후부터는 추정치
-1778
-21636
-27275
-10676
-16877
-8681
누적수지
단위: 억 원
205,955
174,319
147,044
136,365
119,488
110,807
2018
2019
2020
2021
2022
2023
최근 우리나라 건강보험 재정은 매년 적자를 보고 있습니다.
지금 이대로라면 재정이 바닥나는 것은 시간 문제죠.

이때 재정을 안정화하기 위해선
두가지 선택지가 있습니다.

Yes..?
No..?

수입 늘리기

지출 줄이기

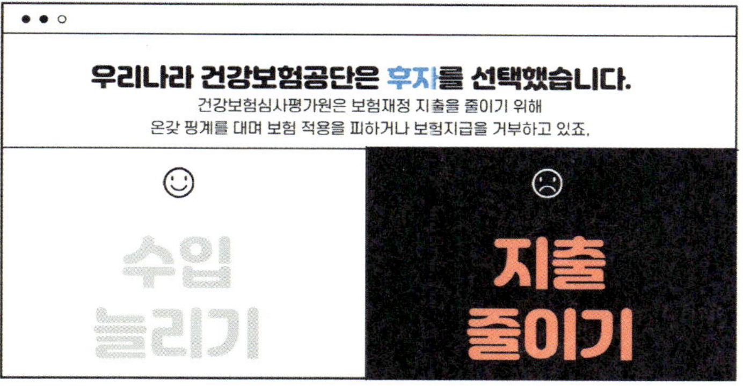

현재 의사들은 환자를 위해 교과서적이고 최적의 치료를 하더라도,
건강보험심사평가원의 "**자체규정**"에 의해
치료에 대한 보험지급액을 제대로 받지 못하는 경우가 흔합니다

첩약 급여화

응급환자 살리는 'ECMO', 환자 사망하면 급여 삭감?

[중앙일보헬스미디어] 입력 2014.12.18 15:49

오경아 기자

● 에크모 환자 사망하면 삭감 "문제 있다" ●

심평원 심사기준은 고무줄 잣대, 융통성 필요

| 의협, 복지부에 '체외순환막형산화요법' 급여기준 현실화 건의

심지어 응급환자를 살리기 위한 치료 중 응급환자가 사망하면
보험지급액을 삭감해버리는 일까지 생깁니다.
환자가 사망할 것 같으면 애초에 치료도 하지 말라는 뜻일까요?

**그래도 이런 건강보험공단의 태도가 일.관.적이었다면
의료계가 이번처럼 크게 반발하지는 않았을 겁니다.**

**하지만! 정부가 첩약 급여화를 도입하면서
문제가 시작됩니다.**

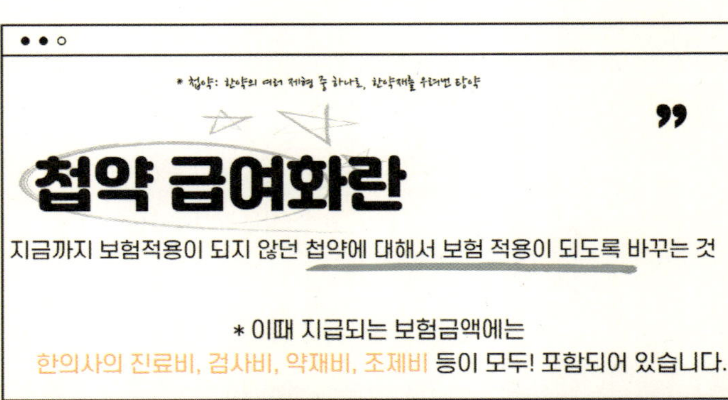

보건복지부는 현재 첩약 급여화에 대한 시범사업을 진행하고 있으며, 이번 10월부터 한의사가 월경통, 안면신경마비, 뇌혈관질환 등 질환에 대해 환자에게 치료용 첩약을 처방하면, 정부는 정해진 수가의 50%를 건강보험재정에서 지원하게 됩니다.

문제는!

첩약(10일분) 수가가 총 14~16만원 수준이며

이중 의학의 진찰료 개념인 변증 · 방제료의 경우 의원급 초진료의 2.5배, 재진료의 무려 3배가 넘는 3만 8,780원의 수가가 책정되었다는 것입니다.

그러니까 ..

지금까지 응급환자가 에크모 치료를 받는 것도 환자가 죽으면 보험료를 삭감해버리던 건강보험공단이, 유독 첩약에는 비정상적으로 높은 수가를 책정하려고 하고 있는 것입니다.

그것도 다른 중요한 건강보험정책이 많은데도 불구하고 말이죠.

첫번째 이야기

첩약 급여화

이런 정책을 시행하는 이유는 뭘까요..?
저희는 솔직히 이해가 되지 않습니다.

"복지부, '복불복 깜장물'에 보험급여 추진"…성난 한약사들

첩약급여 강행에 약사회 '반발'… "복지부 졸속 정책"

의협, 연 500억 원 3년간 첩약급여 '반대'

경기메디뉴스 김선호 기자 | 승인 2020.06.28 16:16 | 댓글 0

첩약 급여화 제도에 대해 의사협회는 물론,다른 단체의 전문가들 또한
한 목소리로!
"반대" 하고 있습니다.

'복불복 깜장물' 반발에도 '첩약급여' 의지 확고

곽성순 기자 | 입력 2019.12.05 06:00 | 수정 2019.12.05 07:09 | 댓글 0

이창준 한의약정책관 "안전한 약재 사용…첩약급여화로 물꼬 터야 한의약 발전"

그러나..
정부는 의사협회 및 다른 전문가 집단의 격렬한 반발에도 불구하고 **한의약 발전**을 빌미로 **첩약 급여화를 강행**하고 있습니다.

저희는 정부에게 질문하고 싶습니다.
첩약 급여화, 정말 지금 급하게 진행시킬 만큼 중요한 일일까요?
과연 첩약 급여화로 국민들의 보건 수준이 상승할 수 있을까요?

여러분들은 첩약의 급여화에 대해 어떻게 생각하십니까?

원격 의료

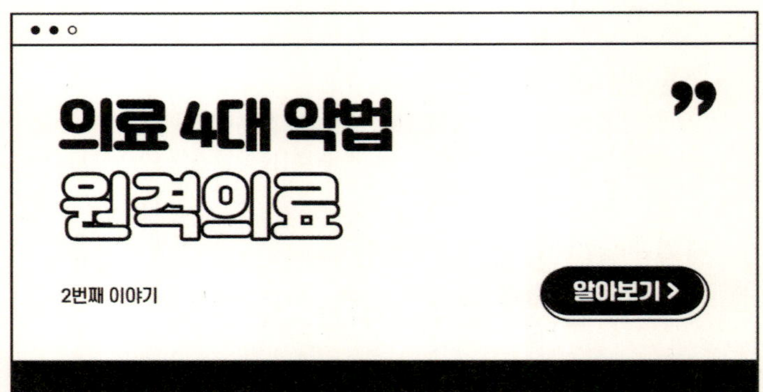
의료 4대 악법
원격의료
2번째 이야기
알아보기 >

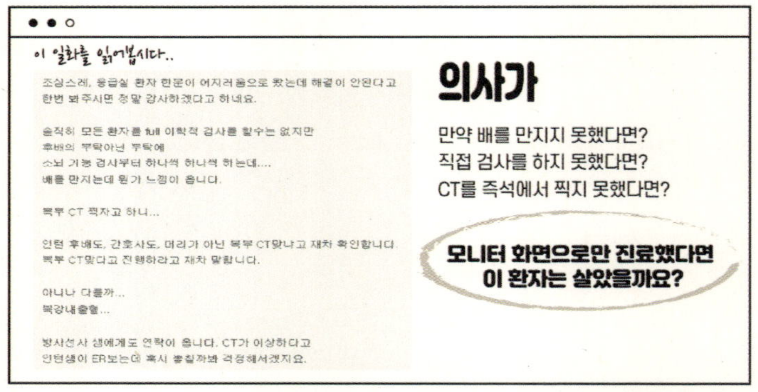
이 일화를 읽어봅시다..
조심스레, 응급실 환자 한분이 어지러움으로 왔는데 해결이 안된다고
한번 봐주시면 정말 감사하겠다고 하네요.
솔직히 모든 환자를 full 이학적 검사를 할수는 없지만
후배의 부탁아닌 부탁에
소뇌 기능 검사부터 하나씩 하나씩 하는데....
배를 만지는데 뭔가 느낌이 옵니다.
복부 CT 찍자고 하니...
인턴 후배도, 간호사도, 머리가 아닌 복부 CT맞냐고 재차 확인합니다.
복부 CT맞다고 진행하라고 재차 말합니다.
아니나 다를까...
복강내출혈...
방사선사 샘에게도 연락이 옵니다. CT가 이상하다고
인턴샘이 ER보는데 혹시 놓칠까봐 걱정해서겠지요.
의사가
만약 배를 만지지 못했다면?
직접 검사를 하지 못했다면?
CT를 즉석에서 찍지 못했다면?
모니터 화면으로만 진료했다면
이 환자는 살았을까요?

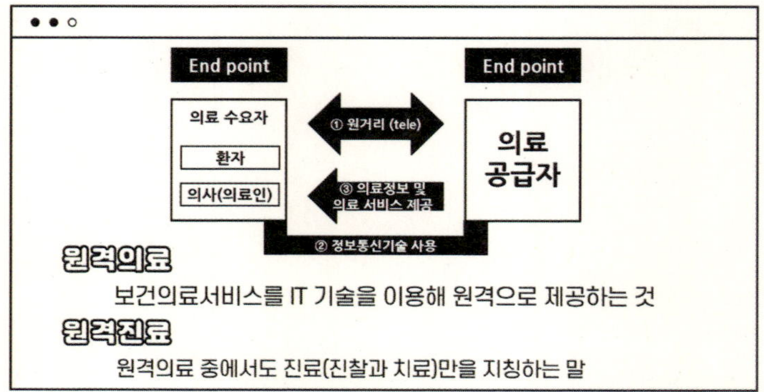
End point
End point
의료 수요자
환자
의사(의료인)
① 원거리 (tele)
③ 의료정보 및 의료 서비스 제공
의료 공급자
② 정보통신기술 사용
원격의료
보건의료서비스를 IT 기술을 이용해 원격으로 제공하는 것
원격진료
원격의료 중에서도 진료(진찰과 치료)만을 지칭하는 말

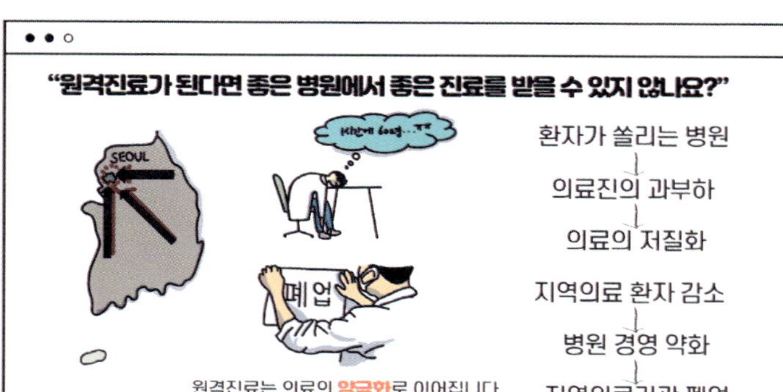

●●○

지역 병원이 폐업한다면..

[이슈분석]붕괴된 의료전달체계, 대형병원 쏠림 `속수무책`

30km 거리 분만병원 찾아 운전대 잡은 39세 임산부...분만인프라 붕괴의 현실

닥터헬기 등 응급운송체계에 대한 투자 없는 원격진료는
지방을 의료 격오지로 내모는 결과로 이어집니다.
서울에선 대기 줄을 기다리다가 죽고 지방에선 병원이 없어 죽게 됩니다.

●●○

"뛰어난 의료인을 만난다면 이상 없지 않나요?"

원격진료는 시공간과 기술적 한계로 인해 아무리 뛰어난 실력의 의사일지라도
진단에 필요한 명확한 근거를 얻기 힘듭니다.
마찬가지로 시공간적 한계로 동료 의료인과 협동 진료를 하기도 어렵습니다.
원격진료의 이러한 단점은 **환자의 피해**로 돌아오게 됩니다.

두번째 이야기 원격 의료

“선진국에선 이미 시행하는데 뒤처지는 것 아닌가요?”

<국민 1인당 외래진료·입원>

구분	국민 1인당 외래진료 횟수(회)	환자 1인당 평균 입원일수(일)
2015	16.0	17.9
2016	16.6	17.4
2017	16.6	18.5
2018	16.9	19.1

*자료: 보건복지부 '2019 보건복지통계연보'
2017년 기준으로 OECD 연간 1인당 평균 외래진료 횟수는 7.1회이며,
환자 1인당 평균 입원일수는 8.2일

호주, 캐나다 등 국토가 넓은 국가에서 외딴 시골에서만 시행한다는 조건으로 허용된 것입니다.
국내의 경우 면적당 의사 수는 OECD 3위이며,
인당 외래진료 횟수 및 평균 입원일수는 OECD 1위입니다.
이처럼 의료 접근성이 뛰어난 대한민국에서 원격 의료는 상급병원으로의 쏠림현상을 일으켜
오히려 **지방 의료 인프라 붕괴**를 일으킬 수 있습니다.

설령 원격진료를 할지라도 진단의 근거를 명확하게 얻을 수 없다는 한계가 있어
해당 의료시설에 방문해 추가적인 검사를 받아야 합니다.
검사의 적정 시기는 놓치면서도 쓰지 않아도 될 돈을 쓰게 되는 것이죠.

“(메디케어에 돈을 대는) 납세자들은 환자 혹은 의료 공급자가
진료량을 늘리는 것에 대하여 재무적으로 보호되어 있지 않다.”

[MedPac 보고서]에 따르면 원격 의료가 불필요하게 진료량을 늘려
감당할 수 없을 정도로 의료비를 증가시킬 가능성이 언급됩니다.
이와 같은 이유로 미국 최대 원격진료 회사인 텔라닥에는 공공보험이 적용되지 않으며
비싼 민간 사보험에서만 원격진료를 보장하고 있습니다.

그렇다면 다시 돌아가서..

조심스레, 응급실 환자 한분이 어지러움으로 왔는데 해결이 안된다고
한번 봐주시면 정말 감사하겠다고 하네요.

솔직히 모든 환자를 full 이학적 검사를 할수는 없지만
후배의 부탁아닌 부탁에
소뇌 기능 검사부터 하나씩 하나씩 하는데....
배를 만지는데 뭔가 느낌이 옵니다.

복부 CT 찍자고 하니...

인턴 후배도, 간호사도, 머리가 아닌 복부 CT맞냐고 재차 확인합니다.
복부 CT맞다고 진행하라고 재차 말합니다.

아니나 다를까..
복강내출혈...

방사선사 샘에게도 연락이 옵니다. CT가 이상하다고
인턴샘이 ER보는데 혹시 놓칠까봐 걱정해서겠지요.

의사가

만약 배를 만지지 못했다면?
직접 검사를 하지 못했다면?
CT를 즉석에서 찍지 못했다면?

**모니터 화면으로만 진료했다면
이 환자는 살았을까요?**

만약 이 환자가 어지러움을 호소했을 때 원격진료로 진단받았다면
청진(듣는 진단)과 촉진(만지는 진단), 타진(두드리는 진단)을 하지 못했을 겁니다.
그랬다면 복부 내 이상한 느낌이 있다는 사실조차 의사가 알 기회가 없었겠지요.

복부 CT 또한 그 자리에서 바로 찍기 어려웠을 겁니다.
'복강내 출혈'이 내부 장기나 혈관 손상으로 인한 응급 상황이었는데도 말이죠.

이 환자는 어지러움만 호소했기 때문에
단순 두통 내지 신경 증상을 의심하고 쉽습니다.
모니터만으로 진단을 하기는 불가능했습니다.

만약 응급 상황인지 의사가 알지 못했다면 이 환자는 살 수 있었을까요?

"우리는 의업에 종사할 허락을 받은 바 환자의 건강과 생명을 첫째로 생각하고 환자에 대한 나의 의무를 다하고 싶습니다."

- 히포크라테스, 제네바 선서 -

모니터가 비추는 가짜 모습이 아닌 **환자의 진짜 모습**을 보고 싶습니다.
환자의 아픔을 함께 나누고 기쁨을 더하고 싶습니다.
환자와 의사가 서로 신뢰하고 진실된 마음으로
함께 질병을 이겨내는 동반자로 남고 싶습니다.

두번째 이야기 원격 의료

환자를 직접 마주할 수 있다면 우리가 배운 지식을 바탕으로
최선을 다해 환자에게 일어날 수 있는 모든 위험성을 없앨 수 있습니다.

하지만 모니터가 비추는 빛과 스피커가 내뿜는 진동만 마주하게 된다면
환자와 의사는 가상의 벽에 가로막혀 도움을 주고받지 못할 것입니다.

문제의 A피부과는 중개 어플리케이션과 사이트를 통해 예약을 받은 후 간단한 통화만으로 처방전을 발급하고, 지정한 약국에서 의약품을 수령할 수 있도록 한 것으로 확인됐다. A피부과는 '하루 평균 100건 이상의 전화 진료가 이루어지고 있다'고 실적을 자랑했다. 환자로부터는 처방전 당 5000원을 지불받았다.

그러나 심평원에 확인한 결과, A피부과가 비대면 진료에 대해 의료급여비용을 청구한 내역은 존재하지 않았다. 이는 비급여로만 비대면 진료가 이루어져 왔다는 것을 의미한다. 즉 A피부과는 코로나19로 인해 한시적으로 허용된 비대면 진료를 악용한 것이라는게 김 의원실측의 주장이다.

물론! 전화로 원격 진료받고 약을 수령한다면 당장은 편리할 수 있습니다.

하지만 과도한 의료비가 되어 우리의 목을 조여오고
잘못된 처방이 되어 우리의 건강을 앗아갈 수 있습니다.

당장은 50분을 벌겠지만 우리의 50년을 잃어버릴 수 있습니다.

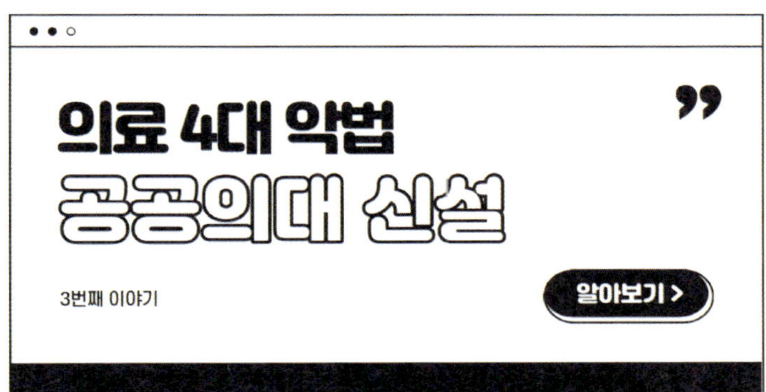

공공의대란?

: 공공보건의료 인력 양성 위한 국립공공보건의료대학

01 학생 선발 및 지원

- 시도별로 일정 비율 선발, 배치가 원칙
- 입학금, 수업료 등 학비 지원
- 학업 중단 등의 경우 경비 반환

02 의무복무

- 의사 면허 취득 후 10년간 의무 복무
- 일부 과목 전문의 수련 기간은 수련기간의 1/2 범위 내에서 의무복무 기간에 포함
- 의무복무 미이행시 의사 면허 취소 및 의무복무 잔여기간 동안 면허 재교부 금지

“

과연 공공의대는 의료소외지역의 의료의 질을 향상시키는 방안이 될 수 있을까요?

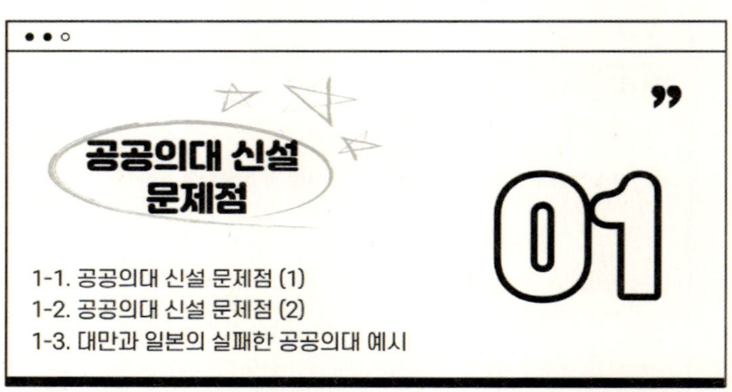

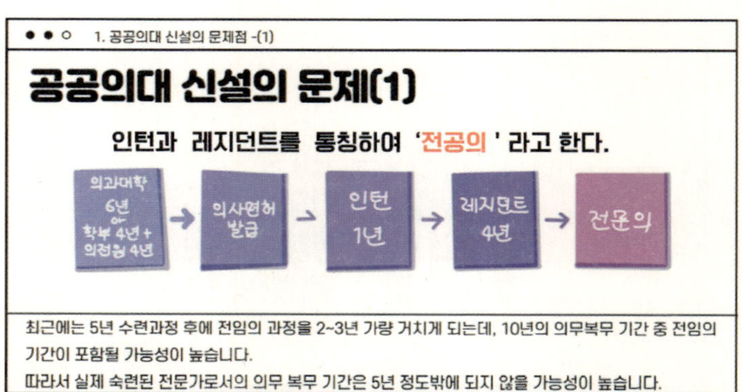

***인턴과 레지던트를 전공의라고 하며, 전공의 수련과정 기간은 4년 또는 5년입니다. 전공의 과정을 수료하면 전문의가 되며, 전문의가 된 후에 전임의(펠로우)를 하게 됩니다.**

● ● ○ 1. 공공의대 신설의 문제점 -(1)

"공공의료 강화하고, 보건의료인력 확충하라"

대전충남보건의료노조, '2020산별공동투쟁' 선포... '성실교섭'·'대전의료원 설립' 등 촉구

현재 의사들이 지역 공공의료원을 기피하는 근본적인 이유들을 그대로 둔 채 공공의대만 설립한다면, 공공의대 출신 의사들 역시 의무복무 기간만 마치고 지역 의료원을 떠날 것입니다

● ● ○ 1. 공공의대 신설의 문제점 -(1)

66

그리고 의료소외지역주민들은 계속해서 숙련되지 않은 의사들에게만 진료를 받을 수밖에 없고 의료격차는 여전할 것입니다

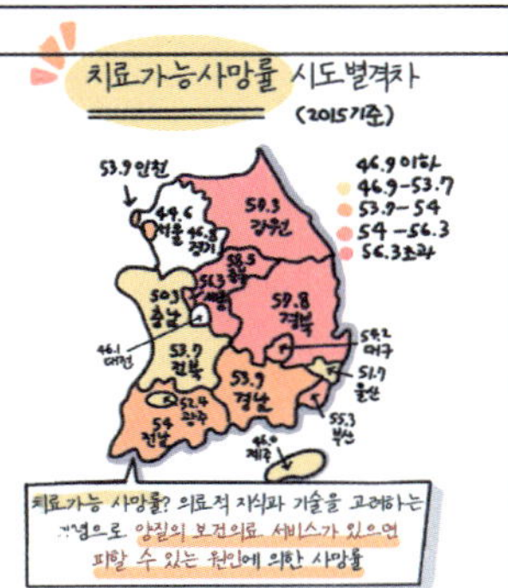

● ● ○ 1. 공공의대 신설의 문제점 -(2)

공공의대 신설의 문제(2)

news1

[전남 의대 설립] 유치경쟁 치열 속 정원확보 등 산 넘어 산

66

위 기사에 따르면 공공의대 설립에는 엄청난 예산이 필요합니다.
의과대학 설립에 1000억 원, 의대병원 설립에 3000억 원 정도가 필요한데,
각 지자체 마다 우후죽순으로 공공의대설립에 나설 경우 필요한 예산은 천문학적인 단위가 될 것입니다.

●●○ 1. 공공의대 신설의 문제점 -(2)

"

설립비용 뿐만 아니라 교수연봉,
학교운영비 등 매년 어마어마한 세금이 투입되어야 하고,
이 예산이면 이미 전문의로 활동중인 숙련된 의사들을 채용해 전국 공공의료원에 당장이라도 배치할 수 있을 것입니다.

●●○ 1. 공공의대 신설의 문제점 -(3) 예시

대만과 일본의 실패한 공공의대

"

대만의 공공의대(양명의대) 졸업생 6,557명 중 84%는 도시에 남았고, 전체 16%만이 취약지에 남았습니다.
이렇듯 강압적이고 일방적인 목적을 갖는 별도의 의과대학은 결국 실패할 수밖에 없습니다.

●●○

"

중요한 것은 누구나 지속적으로 일하고 싶은 공공의료원을 만드는 것입니다.

● ● ○ 1. 공공의대 신설의 문제점 -(3) 예시

대만과 일본의 실패한 공공의대

"

-일본-

의료취약지에 근무하는 의사를 양성하는 일본의 자치의대는 도서, 벽지 등 의료소외지역주민의 의료 서비스를 위한 의사를 양성하기 위해 1972년에 설립됐습니다.

이미지 출처: http://www.monews.co.kr/news/articleView.html?idxno=117762

● ● ○ 1. 공공의대 신설의 문제점 -(3) 예시

"

하지만 일본의 자치의대 역시 현재 여러 문제를 나타내고 있습니다.

MEDIGATE NEWS

日 "의대 장학금 줄테니 9년간 지역에 남아라"...지역정원 제도 미달 속출

9년간 의무복무 부담에 성적 미달 학생들 뒤섞여...일부 의대, 일반지원으로 전환

"특히 일본 의사들 사이에서 자치의대 이미지가 상당히 좋지 않다. 한국에서 공공의대(대학원)를 만든다면 여기 졸업생은 타의대 출신에게 배척당할 가능성이 높다"

추가적으로 브라질의 상황을 짚어보겠습니다.
2020년 브라질에서 코로나-19 중증 환자의 사망률은
민간 병원에서 29.1%, 공공병원에서 51.7%로 나타났습니다.
이는 대한민국보다 10년 일찍 공공의료 정책을 실시한 브라질에서 나타난 결과입니다.

● ● ○

"

그렇다면, 지역의료를 살리고 의료격차를 해소하기 위해서는 어떻게 해야 할까요?

problem solution problem problem problem

대안은 무엇일까요?

지역 공공의료를 살리려면?

02

2. 지역 공공의료를 살리려면? -(1)

지역 공공의료를 살리려면?(1)

앞서 설명했듯이 공공의대의 설립과 운영에는 막대한 세금이 필요합니다.
또한 숙련된 전문의의 배출까지 10년 이상 걸리게 되어 있습니다.

의과대학 6년 or 학부 4년 + 의전원 4년
의사 면허 발급
인턴 1년
레지던트 4년
전문의

2. 지역 공공의료를 살리려면? -(1)

공공의대를 설립하고 운영할 예산으로 차라리 숙련된 전문의들을 적정 임금으로 고용해 지방 의료원에 배치하는 것이 시간과 혈세를 아끼는 길일 것입니다.

●●○ 2. 지역 공공의료를 살리려면? -(2)

지역 공공의료를 살리려면?(2)

두 번째 방법은 지역 공공의료에 종사하는 의사들에게 국가차원에서 커리어 기회를 제공하는 등 장기적인 근로를 유인하는 것입니다

●●○ 2. 지역 공공의료를 살리려면? -(2)

"

지방 공공의료원 근무 의사들을

1. WHO 등 국제기구 파견에 우선 선발하고,
2. 10년 이상 근무한 의사들을 국립대학병원 교수진으로 우선 채용하고,
3. 대통령 주치의도 지방 공공의료원 장기근무 경력자 중에서 선발해야 할 것입니다

●●○ 2. 지역 공공의료를 살리려면? -(3)

지역 공공의료를 살리려면?(3)

"

별도의 공공의대 신설보다 의료 취약지의 민간 의료기관 운영에 대한 적절한 지원을 해주는 것이 필요합니다.

또한 의료취약지의 필수의료에 대한 수가보조를 통해 의료기관이 자립할 수 있도록 해야 합니다.

이렇듯 단순히 공공의대를 신설하는 것 보다는
의료 현실에 걸맞는 적절한 정책이 수반될 때,
의료격차는 해소될 것입니다.

"

여러분은

공공의대 신설에 대해 어떻게 생각하시나요?

2018년 박능후 장관은 시도지사에게 공공의대의 선발권을 주겠다고 언급한 바 있다. 공공의대 신설의 진짜 목적은 무엇일까?

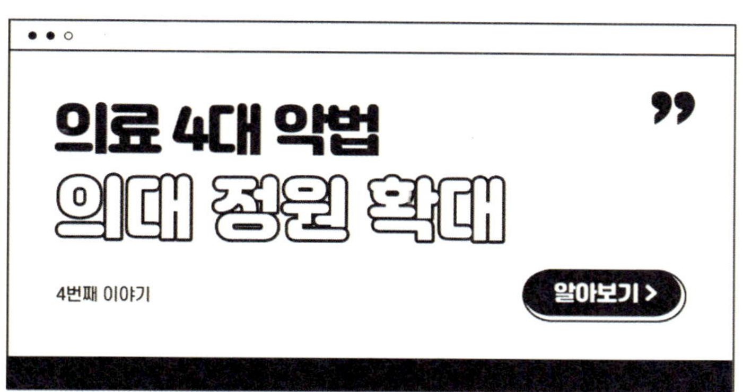
의료 4대 악법
의대 정원 확대
4번째 이야기
알아보기 >

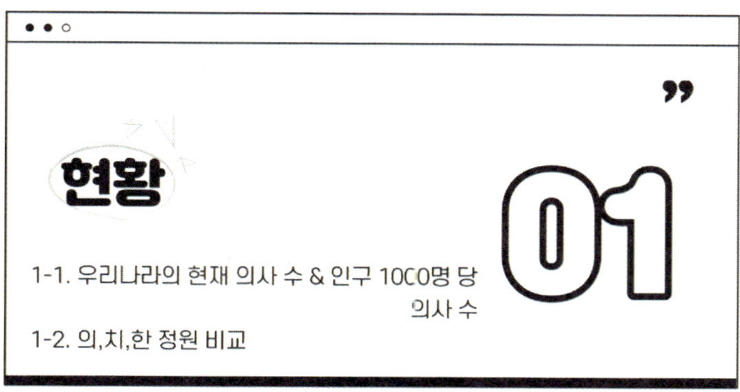
현황
01
1-1. 우리나라의 현재 의사 수 & 인구 1000명 당 의사 수
1-2. 의,치,한 정원 비교

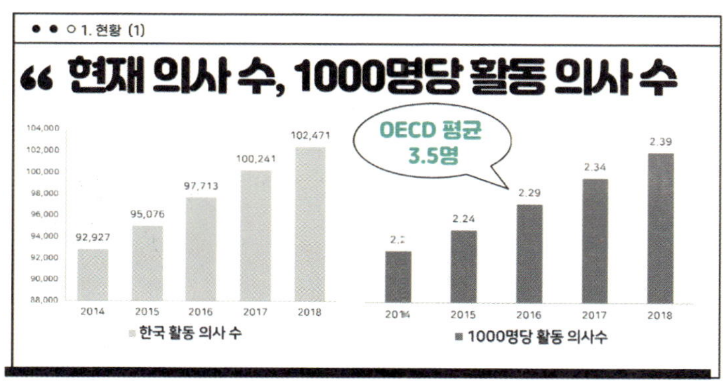
1. 현황 (1)
현재 의사 수, 1000명당 활동 의사 수
92,927
95,076
97,713
100,241
102,471
2014
2015
2016
2017
2018
한국 활동 의사 수
OECD 평균 3.5명
2.24
2.29
2.34
2.39
1000명당 활동 의사수

의대 정원 확대

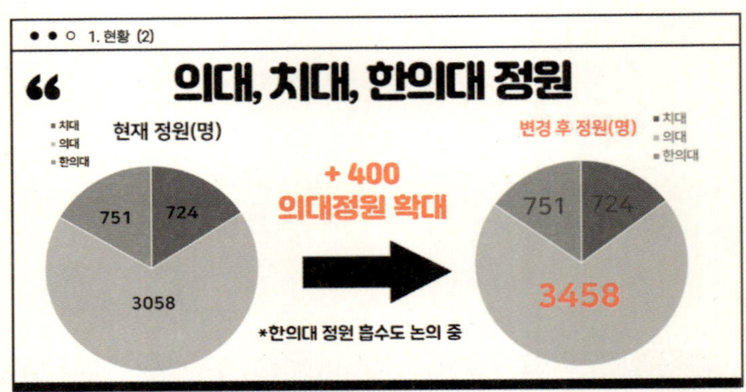

OECD 평균 의사 수 > 현재 우리나라 의사 수

증원 필요한 거 아니야?

NO!

이유를 알아봅시다

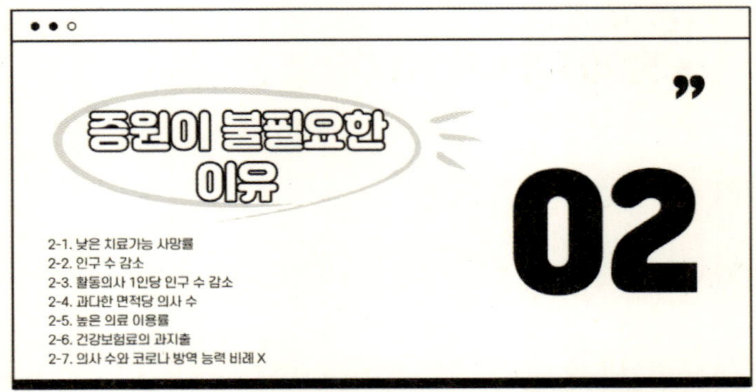

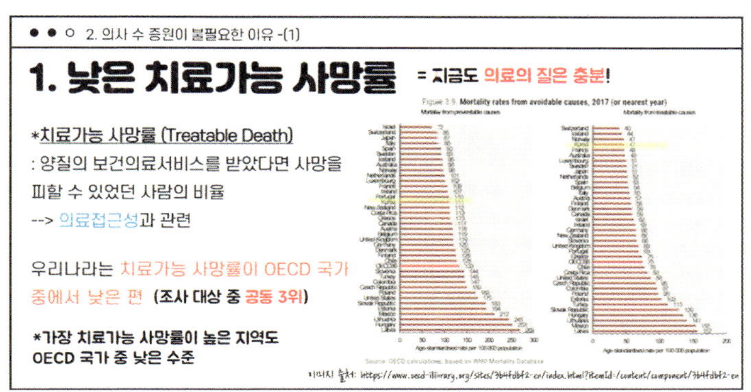
● ● ○ 2. 의사 수 증원이 불필요한 이유 -(1)
1. 낮은 치료가능 사망률 = 지금도 의료의 질은 충분!
Figure 3.9. Mortality rates from avoidable causes, 2017 (or nearest year)
*치료가능 사망률 (Treatable Death)
: 양질의 보건의료서비스를 받았다면 사망을
피할 수 있었던 사람의 비율
--> 의료접근성과 관련
우리나라는 치료가능 사망률이 OECD 국가
중에서 낮은 편 (조사 대상 중 공동 3위)
*가장 치료가능 사망률이 높은 지역도
OECD 국가 중 낮은 수준
이미지 출처: https://www.oecd-ilibrary.org/sites/3b4fdbf2-en/index.html?itemId=/content/component/3b4fdbf2-en

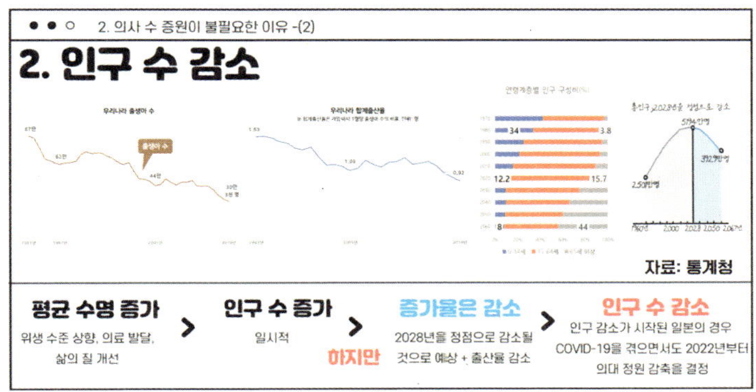
● ● ○ 2. 의사 수 증원이 불필요한 이유 -(2)
2. 인구 수 감소
자료: 통계청
평균 수명 증가
위생 수준 상향, 의료 발달,
삶의 질 개선
인구 수 증가
일시적
하지만
증가율은 감소
2028년을 정점으로 감소될
것으로 예상 + 출산율 감소
인구 수 감소
인구 감소가 시작된 일본의 경우
COVID-19를 겪으면서도 2022년부터
의대 정원 감축을 결정

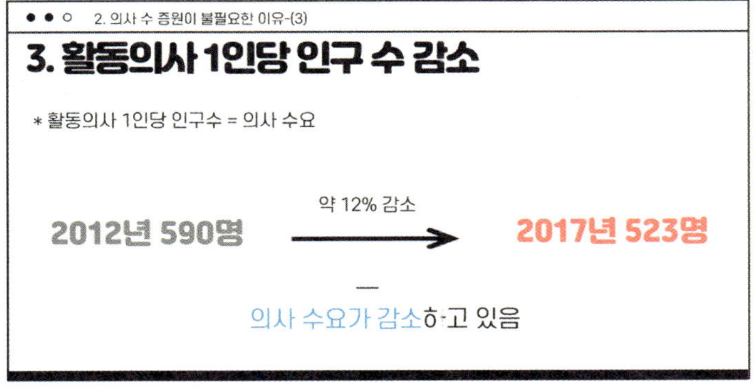
● ● ○ 2. 의사 수 증원이 불필요한 이유-(3)
3. 활동의사 1인당 인구 수 감소
* 활동의사 1인당 인구수 = 의사 수요
약 12% 감소
2012년 590명
2017년 523명
의사 수요가 감소하고 있음

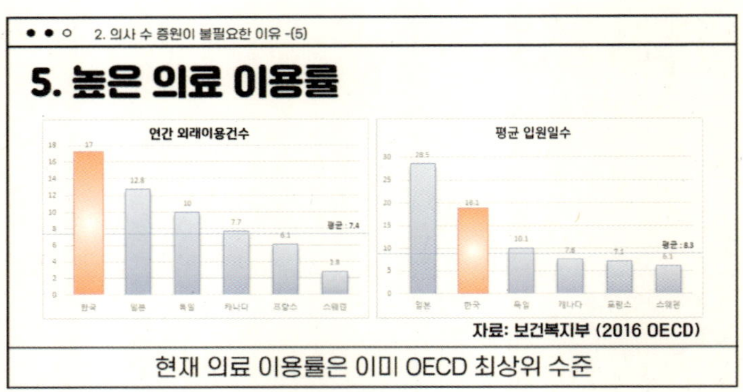

2. 의사 수 증원이 불필요한 이유 -(6)

6. 건강보험료의 과지출

*경상의료비=개인 의료비 +집합보건의료비
--> 의료복지& 지출규모를 보여주는 대표적 지표

경상의료비와 GDP 대비 경상의료비 비율 [단위 : 조 원, %]

	1970	1980	1990	2000	2010	2012	2013	2014	2015	2016	2017	2018
경상 의료비 (조 원)	0.1	1.4	7.3	25.4	78.7	88.7	94	101.4	110.2	120.3	131.6	144.4
GDP 대비 경상 의료비 비율(%)	2.6	3.5	3.7	4	6.2	6.4	6.6	6.8	7	7.3	7.6	8.1

이미지 출처: 보건복지부 『2017년 국민보건계정』, OECD Health Statistics 2019

건강보험 보장성 확대에 따른 건강보험공단 자체 추산 결과 부채비율이 2배 가까이 증가할 것이라는 전망

(단위: 억 원, %)

구 분	'19년	'20년	'21년	'22년	'23년
1. 자산	309,101	291,601	293,511	288,700	293,466
2. 부채	131,668	139,630	148,198	157,435	167,444
3. 부채비율	74.2	91.9	102.0	119.9	132.9

* 통합공시 기준(건강보험+장기요양보험+통합징수+수탁사업)

이미지: 2019년~2023년 건보재정 중장기 재무전망 / 자료=건강보험공단

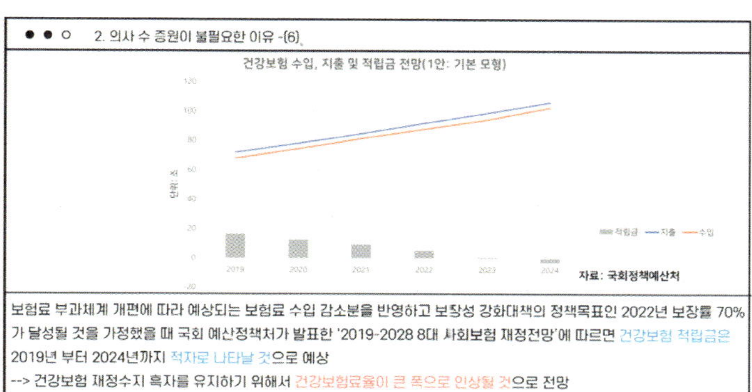

2. 의사 수 증원이 불필요한 이유 -(7)

7. 의사 수와 코로나 방역 능력 비례 X

국가	1000명당 활동 의사 수	백만명 당 코로나 감염 확진자 수
Korea	2.39	286
Mexico	2.44	3,764
United States	2.61	15,855
United Kingdom	2.84	4,588
Russia	4.09	6,117
Germany	4.31	2,607
Switzerland	4.34	4,238
Norway	4.81	1,785
Austria	5.24	2,453

출처: https://www.worldometers.info/coronavirus/#page-top

"1000명당 활동 의사 수가 적다 = 감염병 방역에 취약하다 (X)"

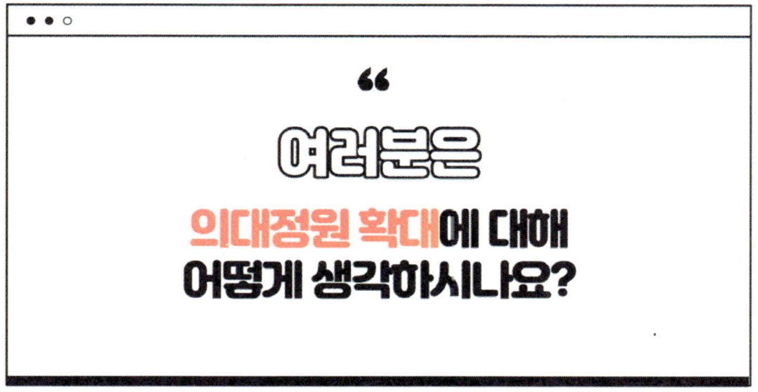

"8월 20일 의대협에서 브라질로부터 받은 서신에 따르면
2010년부터 2020년까지 브라질의 의과대학생은 2배 증가하였다.
총 300개 정도의 의과대학이 존재하지만, 정부의 지원은 굉장히 열악하며
이러한 정책은 문제를 해결하기는 커녕 오히려 많은 의료적 문제만 초래했다."

당부의 말

코로나 감염증으로 전국이 떠들썩한 지금, 2000년 이후로 처음 열리는 대규모 전국 의사 총파업이 열리고 있습니다. 누군가는 이것에 대해 잘못되었다고 합니다. 누군가는 이기적이라고 합니다. 누군가는 꼭 지금 해야 하는 것이냐고 합니다. 저희도 고민을 많이 했습니다. 그리고 저희 스스로 끊임없이 물어보았습니다.

왜 지금 이렇게까지 해야 하는가?

우리가 투쟁으로 이익을 얻으려 하기 때문인가?
우리가 정치에 관심이 많은 사람이기 때문인가?
우리가 기득권을 가진 사람이기 때문인가?

결단코 아니라고 생각합니다.

저희는 평범하고 보잘 것 없는 의대생입니다.

누군가와 싸워서, 투쟁해서, 갈등을 통해 원하는 것을 쟁취하는 것은 잘하지 못합니다. 교묘한 화술로 이득을 챙기거나, 집단의 이익을 위한 정치적인 활동을 잘하는 것도 아닙니다. 저희는 그저 정해진 길을 따라가는 것만 잘하는 학생입니다. 집에서, 학교에서 정해준, 해야 하는 것들만 충실히 따라온 보잘 것 없는 학생입니다.

그런 저희가 의사 면허시험을 포기하고, 수업 듣는 것을 거부하고 거리로 나갔습니다. 그저 앞으로 가면 되는 길을, 더 이상 가지 않기로 결심했습니다. 학교에서는 수업을 듣지 않으면 유급 될 것이라고 합니다. 지금부터 어떤 일을 하든, 그에 따른 불이익이 있을 것이라고 합니다.

솔직히 두렵습니다.

하라는 것을 하는 것은 쉽고, 잃는 것도 없으며, 결과도 명확합니다. 그러나 지금 하려는 일은 너무나 어렵고, 잃는 것도 많으며, 확실하지도 않습니다. 어쩌면 지금까지 쌓아온 것들이 사라질지도 모르는 일입니다. 그럼에도 이런 일을 하려는 이유는 현장에서 일하시는 선배들의 외침이, 전공의 선생님들의 이야기가, 지금까지 책만 봐왔던 저희가 보기에도 옳았다고 생각했기 때문입니다.

존경하는 국민 여러분, 여러분의 눈에는 저희가 단지 투쟁으로 이익을 얻으려고, 정치질이나 하려고, 기득권이나 지키려고 하는 것으로 보이실 수도 있습니다. 충분히 그렇게 생각하실 수 있다고 생각합니다. 하지만 저희는 그런 것들을 위해 지금까지 걸어온 길을, 그리고 걸어갈 길을 포기할 각오를 한 것이 아닙니다.

저희의 모든 이야기를 책에 담아놓았습니다. 부디 저희가 왜 이렇게까지 하면서, 왜 지금 이렇게까지 해야 하는가에 대해 한 번만 귀를 기울여주시길 바랍니다. 평범하고 보잘 것 없는 학생인 저희의 행동을, 한 번만 더 관심 있게 지켜봐주시길 바랍니다.

의학과 2학년 황순호

Chapter

6

수필

<연대를 바라며>

동국대학교 의예과 2학년
조 국

하늘에 구멍 뚫린 듯 내리는 비와 함께 의료계에도 좋지 않은 소식들이 폭우처럼 쏟아지고 있습니다.

의과대학 정원 증가, 공공의대 설립, 첩약 급여화, 원격 의료까지 의료 4대악으로 불리는 정책이 브레이크가 없는 것처럼 일사천리로 진행되고 있지만, 그 과정에서 전문가인 의사들의 목소리는 묻히고 있는 상황입니다.

정부는 COVID-19 사태의 최전선에서 자신의 몸을 바쳐가며 국민을 지켜낸 의료진들에게 #덕분에라며 엄지를 내세웠지만, 지금은 다른 손에 든 칼로 의료진을 공격하고 있습니다.

덕분에라며, 의료진 덕분에라며 왜 그들은 국민들을 편향된 통계로 호도하고 우리들의 목소리를 묵살하는 것일까요.

8월 7일과 14일 금요일. 전국의 젊은 의사들이 가운을 벗고, 책을 덮고 거리로 나왔습니다.
병원에서 환자들의 곁을 지키던 전공의 선생님들도.
허벅지를 꼬집어가며 졸음을 참고 공부하던 선배님들도.
시시콜콜한 이야기와 함께 장난치던 동기들도.
아직 동기들의 얼굴도 직접 보지 못한 신입생들도.
모두 함께 한 마음 한 뜻으로 모였으며, 우리의 목소리는 전국 각지에서 울려 퍼졌습니다.

동국의대의 젊은 의사들은 모두 이 날을 기억할 것이고, 우리의 역사에 기록할 것입니다.

싸움은 아직 끝나지 않았습니다. 긴 싸움이 될 것이라 예상합니다.

8월 7일의 우리의 조용했지만 힘찬 목소리는 그 시작을 알리는 신호탄이었습니다.
신호탄은 이미 발사되었고, 우리는 일제히 하나의 목표를 위해 달리기 시작했습니다.

그 과정에서 누군가는 다치거나 넘어지기도 할 것이고, 지쳐 쓰러지는 사람도 있을 것입니다. 하지만 설령 그런다 한들, 포기하고 주저앉지 않을 것입니다. 서로의 손을 잡고 함께 달릴 것이며, 서로를 부축하며 함께 갈 것입니다.

함께 하면 됩니다. 함께 해야만 합니다. 아직 끝나지 않은 싸움을 위해 질타보다는 응원을, 분열보다는 연대를 바라며 글을 마칩니다. 감사합니다.

<우리의 목소리를 내기까지>

동국대학교 의학과 2학년
현 낙 호

저것은 벽
어쩔 수 없는 벽이라고 우리가 느낄 때
그 때,
담쟁이는 말없이 그 벽을 오른다.

물 한 방울 없고, 씨앗 한 톨 살아남을 수 없는
저것은 절망의 벽이라고 말할 때
담쟁이는 서두르지 않고 앞으로 나간다.

한 뼘이라도 꼭
여럿이 함께 손을 잡고 올라간다.
푸르게 절망을 잡고 놓지 않는다.

저것은
넘을 수 없는 벽이라고 고개를 떨구고 있을 때
담쟁이 잎 하나는 잎 수 천 개를 이끌고
결국 그 벽을 넘는다.

- 도종환, 「담쟁이」 -

의대 증원 정책을 추진 중인 더불어민주당 현직 국회의원의 시로 수필을 시작하게 되어 아이러니함을 느낀다. 다만, 구성원들끼리 함께 연대하여 고난을 극복한다는 이 시의 메시지는 진보·보수 모두를 아우를 수 있다고 생각하여 고심 끝에 삽입하였음을 밝힌다.

대한 의과대학/의학전문대학원 학생협회(이하 '의대협'으로 약칭)는 8/2 (일) 저녁 즈음에 최종적으로 8/7 (금) ~ 8/14 (금) 일 주일 동안 전면적 수업/실습 거부를 결의하였으며, 8/3 (월) 오후까지 각 학교 별로 이에 동참할지에 대한 여부를 결정해달라는 공고문을 모든 의과대학의 학생회장에게 전송하였다

학생회 단톡에 올라온 이 공고문을 읽으면서, 내 머릿속에 수많은 근심거리들이 차오르기 시작하였다. 20여 년 전 의약분업 파동의 이야기를 선배님들과의 술상에서 몇 가락 주워들은 것이 전부이건만, 어째 세상 돌아가는 형국을 보아하니 그 당시 전국적으로 울려 퍼진 투쟁의 대서사시가 다시금 태동하기 시작하는 모양새였다.

<우리의 목소리를 내기까지>

동국대학교 의학과 2학년
현 낙 호

기대와 근심의 양가감정이 서로를 부정하면서 내 심장을 콱 움켜쥐고 좀처럼 놔주지 않았다. 그동안 바라왔던 학생들의 단체 행동이 시작되어 가슴이 벅차올랐지만, 한편으로는 너무나도 두렵고 부담스러웠다.

'학기말 시험이 끝나 조금 편하게 쉬고 싶었는데,' '이 시국에 학생회의 일원이라니. 1년만 있다가 이런 일이 터졌으면 얼마나 좋았을까,' '의대협은 1주일 내내 고심하고 결정을 내렸으면서 왜 우리 학생회한테는 단 하루를 주는 거지?'와 같은 생각들이 나를 어지럽게 하였다.

메스꺼움과 불안함을 애써 가라앉히고자 물 한 모금을 마시고, 경주로 돌아오는 기차에서 잠을 청하였다.

영국의 시인 T.S. 엘리엇은 「황무지」에서 '4월은 가장 잔인한 달'이라고 하였다. 나는 이에 동의하지 않는다. 2020년의 8월은, 나에게 있어 그 어떤 달보다 잔인하고 힘겨운 시간이었다.

8/3 (월) 모든 재학생을 대상으로 일주일 동안의 수업/실습 거부에 동참할지에 관한 설문을 제작하여 배포하였다. 설문이 종료되고 나서, 95%라는 압도적인 찬성률에 놀람을 금치 못하였다.

이렇게나 많은 학우들이 정부의 광폭 행보가 불의하다는 점에 공감하고 있구나. 학생으로서 의사 선배님들과 함께 연대하여 단체 행동을 하고자 하는구나.

그렇게 우리 학생회는 학생들의 지지를 바탕으로 한층 자신감을 띄고 학장단 회의에 들어서게 되었다. 회의에 들어서기 전, 우리는 어디까지나 정부에게 항의하는 것이며, 학교와 싸우려는 것이 아니므로 최대한 교수님들을 존중하고 경청하는 자세로 나아가되 결연한 의지를 보여주자고 다짐하였다.

그러나 막상 회의에 들어서자, 학장단 교수님들은 거듭하여 우리의 수업/실습 거부에 대한 반대 의사를 표명하셨고, 수업 거부가 아닌 다른 방법으로 정부에 항의하는 것이 어떻냐고 회유하셨다.

첫 날 가장 우리를 난처하게 만든 것은 의대협에서 '8/7 ~ 8/14 전면적 수업/실습 거부' 안건에 대한 찬성·반대·기권을 당일 새벽까지 제출한 뒤 익일 오전에 기사로 공표한다는 점이었다.

분명 우리 학생들은 수업 거부에 대한 의지가 강력하였는데, 교수님들이 완강하게 이를 거절하는 상황에서 우리 학생회로서 선뜻 '찬성'으로 표결하기 어려운 상황이었다. 시간은 점점 촉박해져 갔고, 결국 우리는 우선 '부분적 수업/실습 거부'를 원칙으로 하여 의대협 측에 찬성 의지를 밝혔다.

다음 날, 결정의 시점이 다가왔다. 이대로 부분적 수업/실습 거부를 진행할 것인지, 아니면 학생들의 유급을 비롯한 불이익을 감수하고도 전면적 수업/실습 거부를 추진할 것인지.

학생회는 서로 간의 의견을 조율한 끝에, 우리 학교가 지금 어떤 상황에 놓여 있으며, 우리 학생회가 왜 선뜻 '전면적 수업/실습 거부'에 나서지 못하고 있는지 학생들이 알 권리가 가장 중요하다는 결론을 내렸다.

이러한 부분들을 공지문의 형식으로 소상히 설명하고 나서, 최종적인 의사 결정은 학생들의 판단에 맡기는 것이 가장 민주적인 방식이라고 우리는 믿었다.

전면적 수업/실습 거부에 관한 설문이 진행되었고, 92%에 달하는 학생들이 불이익을 감수하고도 완전한 형태의 수업/실습 거부에 동참하겠다는 숭고한 의지를 피력하였다. 학생회는 이를 바탕으로 전면적 수업/실습 거부를 확정 지었다.

나는 개인적으로 8/3 (월)부터 8/14 (금)까지 학생회의 일원으로서 일하면서 내가 극한의 스트레스와 피곤함 속에서 얼마나 예민하게 주위 사람들의 언행을 받아들이고 짜증을 내는지 깨닫게 되었다.

그 부분을 지적해준 학생회 형에게 진심으로 고마움을 느낀다. 감정적으로 의견을 내세우기 보다는 다른 사람들의 의견을 경청하는 자세를 배우는 소중한 경험이었다.

또한, 하루에 12시간 넘도록 회의하고 설문지를 작성·배포하고 캠페인 관련 자료를 차곡차곡 정리하는 업무에 너무나도 지쳐 있던 내가 정말 포기하고자 하였을 때, 울고 있는 내 곁으로 조용히 와서 휴지 한 장 건네준 학생회 형에게 정말 감사하다고, 형의 위로가 없었으면 나는 아마 모든 걸 내려놓았을 것이라고 전해주고 싶다.

우리와 함께한 모든 이들에게 감사하다.
가장 막중한 책임감 속에서도 우리의 하나됨을 이뤄낸 학생회장 한승민 군,
지난 2주일 동안 동고동락하며 순간순간마다 최선의 방안을 도출하고자 한 우리 학생회 일원들,
전면적 수업/실습 거부 기간 동안 자신의 자리에서 정부를 향한 단일된 목소리를 내주시고 여러모로 부족함이 많은 학생회의 캠페인에 동참해주신 모든 재학생 여러분들,
고생이 많다면서 개인적으로 시켜먹을 음식과 커피를 보내주신 몇몇 재학생과 선배 의사 선생님들,
마지막으로 우리를 지지한다며 응원의 메시지를 보내주신 여러 교수님들께 진심으로 감사의 말씀을 올리고 싶다.

앞으로도 힘겨운 싸움이 이어질 것이다. 이 글의 매듭을 짓고 있는 이 시점에도 동맹휴학 및 국시거부에 관한 의대협의 설문조사가 이뤄지고 있으며, 그 결과는 아직 공표되지 않았다.

한치 앞을 내다볼 수 없음에 답답함이 몰려온다. 내가 그려오던 인생의 청사진이 맹렬한 파도에 일순간에 무너져 내리는 심정이다.

하지만 나와 함께하는 수많은 학생들과 의사 선배님들이 내 손을 잡아주고 있기에, 결코 무너지지 않을 것이다.

우리가 모두 하나되어 움직인다면, 정부의 부당한 정책을 막아낼 수 있으리라 믿는다. 저것은 넘을 수 없는 벽이라고 고개를 떨구고 있을 때, 담쟁이 잎 하나가 수 천 개를 이끌고 언젠가 그 벽을 넘는 것처럼.

<순수한 꿈, 그것을 가로막는 현실>

동국대학교 의학과 2학년
김 지 운

어릴 때부터 나는 생물학이 너무나 좋았다. 그래서 자연스럽게 대학 전공을 '생명과학'으로 정하게 되었고, 생명 관련 대학원에 진학하는 것이 당연한 나의 미래가 되리라 생각했다.

하지만, 졸업 직전 한 대학병원의 '의과학 실험실'에서 인턴을 할 기회를 얻게 되었고, 그곳에서 의사 면허증을 가지고도 연구를 하시는 의사 선생님을 알게 되었다.

이전까지는 내가 좋아하는 생물학과 관련된 연구를 하기 위해서는 대학원생이 되는 길밖에 없다고 생각했지만, 그분과의 만남을 통해 의사도 연구한다는 사실을 알게 되었고, 의사 면허증을 가지고 연구를 하는 것이 좀 더 많은 기회를 얻고 연구를 할 수 있다는 것을 알게 되었다.

그 짧았던 몇 개월간의 인턴 생활을 통해 처음으로 의사라는 직업에 대해 고민해보게 되었고, 생물학과 관련된 몇 종류 없는 나의 진로에 '의사'라는 직업을 추가해 고민하기 시작했다.

생물학은 여전히 너무나 좋았기에 평생 생물학을 공부하며 산다면 아무리 어렵고 힘들어도 즐겁게 일할 수 있을 것으로 생각했고, 이왕 연구한다면 의사가 되어 더 많은 기회가 있는 상태에서 연구하고 싶어졌다.

또한, 내가 좋아하는 생물학을 실험실에서 연구하는 것에만 쓰는 것이 아니라, 내가 배운 생물학적 지식을 이용해 실질적으로 환자를 살리는 일에도 사용할 수 있는 '의사'라는 직업이 너무나 매력적으로 느껴졌다.

그렇게 졸업 직전, '의사'라는 새로운 꿈이 생겼고, 감사하게도 의대에 입학하게 되어 꿈을 이룰 기회를 얻게 되었다.

의대에 입학하기 위한 시험을 준비하며, 본과 학생들이 배우는 커리큘럼을 살펴본 적이 있었다.

일반 대학의 생물학 전공생들이 배울 수 없는 다양한 임상 과목들을 보며, '나도 저 과목들을 공부할 수 있으면 얼마나 좋을까?'라고 생각하면서 힘들 때마다 마음을 다잡고 열심히 공부했던 기억이 난다.

그렇게 의대에 입학한 뒤, 본과생이라면 모두 거쳐야 하는 '골학'과 의대의 꽃이라 할 수 있는 '해부학' 등을 배우며, 즐거웠고 모든 순간이 감사했다.

하지만, 항상 즐거운 순간만 있었던 것은 아니다. 골학을 진행하며 나흘 동안 총 수면시간이 몇 시간밖에 되지 않았고, 온종일 뼈를 붙잡고 밤을 새우며 달달 외울 땐 정말 인간의 한계를 극복하는 경험을 했다.

1학기 해부학 실습을 진행할 때는 일주일에 몇 번씩 코를 찌르는 화학 약품 냄새를 맡아가며, 눈도 아프고, 두통도 생기는 등 여러 가지 몸의 이상 증상들을 경험하며 새벽까지 해부하기도 했다.

며칠 뒤 다른 전공과목의 시험이 있음에도 필요한 진도까지 해부를 하기 위해 조원들과 함께 새벽까지 해부할 때는 몸도 마음도 지쳐 너무나 힘들기도 했고, 매주 있는 시험과 많은 양의 시험 범위를 공부하느라 본과 1학년 2학기 말에는 도중에 탈진해서 링거를 맞으러 간 적도 있었다.

2학기가 되어 병리학을 배울 땐, 다 거기서 거기처럼 보이는 세포 사진들을 구별하느라 얼마나 힘들었는지 모른다.

지금 와서 돌아보면 지난 본과 1학년 생활을 내가 어떻게 버티고 보냈는지 신기할 정도이고, 정말 두 번은 못 할 것 같다고 생각했다.

조금의 과장도 없이 본과 1학년의 생활은 정말 힘들었지만, 그런데도 그 모든 과목은 내가 원하는 의사가 되기 위해 배우는 과정들이었기에 그렇게 힘든 와중에도 배우는 자체는 즐겁고, 유익했으며, 보람이 있었다.

중간중간 힘들어서 포기하고 싶을 때마다, 나중에 정말 환자를 제대로 살릴 수 있는, 실력 있는 의사가 되기 위한 과정이라고 스스로 되뇌며 버텼고, 그 시간은 결코 헛된 시간이 아니었다.

본과 2학년이 되어서도 여전히, 아니 어쩌면 본과 1학년 때보다 더 많은 양에 지치고 힘들었다.

그렇지만, 입학 전부터 바라왔던 임상 과목들을 배우는 것이기에 작년보다 훨씬 더 즐겁게 공부했고, 조금 더 선명해진 의사라는 미래를 꿈꾸며 조금이라도 더 현장에서 도움이 되고자 하는 마음으로 최선을 다하려고 노력하며 공부했다.

입학하기 전, 나의 꿈은 소아과 의사가 되는 것이었다. 어릴 때부터 무척이나 아기들을 좋아했고, 또 교회에서 유치부 교사를 하며 아기들을 잘 돌본다는 이야기를 많이 들었기에, 평생 환자를 치료하고 돌보며 살아가야 하는 직업으로서, 이왕이면 그 환자들이 아기들이었으면 했다.

그리고 매일 보는 환자들이 아기들이라면 더욱더 마음을 쏟고, 조금이라도 더 최선을 다할 수 있지 않을까 하는 마음에서 소아과 전문의를 꿈꾸며 공부했다.

입학 전 자기소개서에도 이와 똑같은 이야기를 적었고, 학교에 입학해서도 어떤 의사가 되고 싶으냐고 물을 때마다 지체 없이 소아과 의사가 되고 싶다고 대답했다.

그런데, 그때마다 들었던 이야기는 소아청소년과는 가망이 없다는 이야기였다. 갈수록 출산율이 심각하게 낮아지고 있어서(있기에) 내가 전문의가 될 때는 지금보다 더 아이들이 없을 거라고, 그래서 소아청소년과는 가망이 없는 과라고 이야기했다.

그런 이야기를 들을 때마다 나의 적성과 특기에 맞추어 과를 선택하고 싶지만, 현실적인 문제를 고민하지 않을 수 없었다.

<순수한 꿈, 그것을 가로막는 현실>

동국대학교 의학과 2학년
김 지 운

본과 1학년을 보내고 본과 2학년이 되어 임상 과목들을 공부하기 시작하면서, 소아청소년과 말고도 다른 전공에 흥미가 생기기 시작했다.

신경외과, 일반외과, 소아외과 이렇게 3가지였다. 사실, 해부학 실습을 하면서 이왕이면 수술하는 과를 가고 싶다고 생각을 하기도 했었다.

그래서 신경 과학을 배울 때는 그 어떤 과목보다 재밌게 공부를 했었고, 그래서 신경외과에 흥미가 생겼다.

소화기 과목의 내용 중 외과 파트를 공부할 때는 환자의 생명을 직접적으로 살리는 일반외과도 정말 멋있고, 매력적이라 느껴졌다.

또한, 본과 1학년 때까지 소아청소년과를 꿈꿀 때는 소아청소년과가 수술은 하지 않는다는 것을 몰랐었는데, 본과 2학년이 되어 그 사실을 알고 난 뒤에는 일반 외과 중 소아를 전문으로 하는 소아외과에도 흥미가 생겼다.

하지만, 이 세 전공에 대해 이야기를 할 때면 소아청소년과를 꿈꾼다고 말했을 때보다 훨씬 더 많은 만류와 걱정스러운 이야기가 들려왔다.

현재 많은 전문의 의사 선생님들과 전공의 선생님들을 비롯하여 전국의 의대생들이 정부의 일방적인 정책 추진에 반대하며 목소리를 내고 있다.

그렇지만, 정부는 우리 의료집단에 단순히 '밥그릇 지키기 위함'이라는 프레임을 씌우고 있고, 국민도 대부분 그렇게 이해하고 있다. 너무나 안타까운 현실이다.

나는 의대에 들어오기 전부터, 그리고 의대에 들어와 지금까지 변하지 않은 것이 있다면, 소위 말하는 '바이털 과' 즉, 생명을 직접적으로 다루는 과에 가고 싶다는 것이다.

아무리 주위에서 들리는 얘기들이 이런 과들이 힘들다고 하더라도, 내가 의사가 되고자 했던 이유가 생물학이라는 학문을 배워 직접적으로 환자를 살리는 데 사용하고 싶었기 때문에 상관없다고 생각했다.

충분히 열정과 노력으로 감수할 수 있으리라 생각하며 지금까지 공부해 왔다. 사실, 이번 파업이 일어나기 전에는 소위 말하는 '기피과들'의 현실에 대해 자세히 알지 못했다. 어쩌면, 제대로 알지 못했기에 막연히 열정과 노력으로 극복할 수 있으리라 생각해왔는지도 모르겠다.

하지만 이번 파업에 동참하며 많은 전공의 선생님들과 전문의 선생님들께서 올려 주신 글들을 통해, 일반외과, 흉부외과, 소아외과 등 모두가 기피하는 과들의 처참한 현실에 대해 알게 되었다.

지금까지 순수한 열정을 가지고 현실보다 이상을 택할 것이라 늘 다짐했던 나조차 심각하게 나의 미래와 진로에 대해 고민하게 되었다.

내가 이 과들을 선택한다면 내 앞에 펼쳐질 미래가 어떨지 너무나 뻔하게 보였기 때문이다.

최선을 다해, 몇 시간 동안 땀과 눈물을 흘려가며 환자의 생명을 살려내도, 병원에서는 적자만 내는 과 취급을 당하고, 적자만 내는 과이기에 자연스럽게 병원에서도 '기피과' 전문의의 일자리가 별로 없는 이 괴이한 현실을 마주하고 너무나 가슴 아팠고, 분노했다.

많은 학생이 소아청소년과를 가지 않는 것이 정말 의사 수가 부족해서일까? 아니면 우리의 사명감과 희생정신이 부족해서일까?

소아청소년과라는 기피과에 가지 않는 상황에 집중할 것이 아니라, 갈수록 출산율이 급격하게 떨어져서 소아청소년과가 기피과가 되게 만드는 사회 현상에 집중하고, 이것을 먼저 해결하기 위해 노력해야 하는 것이 아닐까?

일반외과, 흉부외과, 소아외과에 의사들이 가지 않는 것이, 전국의 소아외과 전문의가 48명밖에 없는 것이 의사 수가 부족해서일까? 아니면 우리의 사명감과 희생정신이 부족해서일까?

그들이 말하는 사명감과 희생정신을 가지고 이런 기피과를 전공하고 자신의 시간과 노력과 모든 열정을 바쳐 환자를 살려내도 적자만 내는 과 취급당하는 현실이 문제가 아닐까?

그 답이 너무나 뻔하고 당연한데도, 환부를 도려내기보다 다짜고짜 붕대만 감는 정부의 태도에 숨이 막힌다. 본질에 집중하지 않고, 쉬운 길만 가려는 그들에게 우리는 도대체 어떻게 대화를 시도해야 하며, 어떤 행동을 취해야 하는가?

나는 현재 가장 가고 싶은 과가 '소아외과'이다. 내가 가진 지식과 술기를 이용해 아픈 아이들의 생명을 살려내고 싶다.

하지만 현재 소아외과가 처한 현실들이 바뀌지 않는다면, 3년 뒤, 과를 정할 때 과연 나는 소아외과를 선택할 수 있을까?

부디 내가 속한 대한민국의 지도자들이 생색내기용 정책이 아니라 정말 국민과 나라를 위한 선택을 하길 간절히 소망한다.

그리하여서, 열정과 사명감을 가지고, 힘든 길도 마다하지 않고 가겠다고 다짐하는 전국의 많은 의대생의 꿈이, 너무나 처참한 현실에 좌절되지 않는 그런 미래를 꿈꿔본다.

<빗방울은 혼자 떨어지지 않는다>

동국대학교 의예과 2학년
박 수 현

시커먼 하늘이 토해낸 비가 철퍽철퍽 발을 잡아끌었다. 서늘한 새벽 공기와 우비를 쓴 사람들의 외침. 나는 8월 7일 대구로 가는 행렬 속에 있었다.

파업부터 수업 거부, 단체행동까지 빠르게 진행된 상황 속에서 학생회가 밀어준 물살에 밀려가듯 눈만 끔벅였다.

비옷 사이로 흘러내린 빗물은 두 발을 적신 지 오래, 체온을 재고 버스에 올라 우리가 무엇을 바라고 있는지 정리해 보았다. 골학 시험이 끝난 직후 피폐해진 머리로 형형색색의 카드뉴스와 울분에 찬 논설문들을 읽었다.

아, 내가 단어나 외우고 있을 때 사람들은 이미 이렇게나 분노하고 소리치고 있었구나. 나는 어렸을 적부터 시사에 무관심하고 공공의 분노에 미적지근한 반응을 보여왔다.

세상은 넓고 각자의 사정이 있다고 생각했기에, 나 자신도 흠결 없는 사람이 아니기에 그래 왔다. 그런데 칼날이 나를 향해 서 있는 걸 보게 되니 그제야 알겠더라. 니묄러의 시처럼, 나를 위해 말해줄 이가 아무도 남아 있지 않았다.

버스는 묵묵히 빗속을 뚫고 대구로 가고 있었다. 인솔을 맡은 학생회 선배가 마이크를 잡고 행동강령에 대해 말씀해주셨다.

대구·경북 의사회를 비롯한 여러 협회의 대표분들과 알만한 방송국의 기자분들이 오시는 자리인 만큼 집중하는 모습을 보여달라고, 모르는 사람이 말을 걸면 대답하지 말고 반대 세력들이 있다면 최대한 충돌을 피하라고 하셨다.

자연스레 광화문의 성난 얼굴들이 머릿속에 펼쳐져 기가 질렸다. 빗발치는 물세례를 맞으며 우비를 뒤집어쓴 채 관심 없는 시민들을 향해 피켓을 들고 더는 벼랑으로 내몰릴 수 없어 나온 우리들의 사정을 알아달라 부르짖는 모습을 상상했다.

나치가 그들을 덮쳤을 때

나치가 공산주의자들을 덮쳤을 때,
나는 침묵했다.
나는 공산주의자가 아니었기 때문이다.

그 다음에 그들이 사회민주당원들을 가두었을 때,
나는 침묵했다.
나는 사회민주당원이 아니었기 때문이다.

그 다음에 그들이 노동조합원들을 덮쳤을 때,
나는 아무 말도 하지 않았다.
나는 노동조합원이 아니었기 때문이다.

그 다음에 그들이 유대인들에게 왔을 때,
나는 아무 말도 하지 않았다.
나는 유대인이 아니었기 때문이다.

그들이 나에게 닥쳤을 때는,
나를 위해 말해 줄 이들이
아무도 남아 있지 않았다.

-마르틴 니묄러

집회 참석의 의미에 대해서도 다시 생각해보았다. 수많은 전공의와 학생들의 입장을 확고히 표명하기 위한 이 자리의 무게감이 느껴졌다. 그제야 우리 내일 잘 해보자며 늦은 밤 나를 다독여주던 동기의 말이 이해되었고, 버스는 마지막 코너를 돌아 목적지에 도착했다.

대구 엑스코 광장에 내린 200여 명의 학생들은 대체로 착잡한 표정이었다. 우비를 쓴 채 차례대로 방역 게이트를 지나 서명을 하고 컨벤션홀에 들어갔다.

넓은 공간을 꽉꽉 채우는 젊은 의사들이 눈에 들어왔다. 늦게 들어간 편인 우리는 비교적 앞자리에 앉았고, 진지한 분위기 속에서 집회가 시작되었다.

꼿꼿이 앉아 여러 연설을 들었지만 계명의대 학생대표의 말이 특히 울림을 주었다. 제일 큰 피해자는 우리 학생들이며 당연히 우리가 나서야 한다는 논조가, 내가 이 자리에 있는 당위성을 뒷받침해주며 의지를 북돋웠다.

진심이 담긴 말은 칼보다 더한 힘이 있다. 청중에게 고스란히 전달된 진정성은 공기를 가라앉히고 그들을 고양시키며 하나로 뭉치게 한다. 나 역시도 의지로 벅차올라 앞으로 얻어내야 할 정당한 대가를 위해 행동할 것을 다짐했다.

이 자리에 앉은 수많은 사람의 호소를 못 들은 척 무시하며 어물쩍 넘어가는, 그저 하나의 해프닝으로 만들지 않겠다. 연설이 끝나고 의대 정원 확대에 대한 현안보고와 반대근거에 대한 설명으로 집회는 마무리되었고 걱정했던 광화문의 충돌 같은 일은 일어나지 않았다.

모든 참석인원이 빠져나가고 동국대학교 학생들만 자리에 남아서 공지를 기다렸다. 숨이 트여 주위를 둘러보니 동국대 완장을 찬 1학년 신입생들이 있었다.

1학기 내내 비대면으로 수업을 들어 서로 얼굴도 모르고 소속감도 별로 없을 텐데 이 자리에 나와준 게 대단하고 고마웠다.

혼란스러운 상황 속에서 빠르고 결단력 있게 일을 추진해준 학생회 선배분들과 동기들에게도 표현할 수 없는 고마움을 가진다.

생활기록부형 리더십이 아닌 진짜 리더십이 무엇인지 피부로 느낄 수 있었다. 밖으로 나와 아직도 비가 내리는 하늘을 바라보았다. 천둥을 동반한 비바람은 아침보다 거세졌다. 시커먼 하늘이 우리를 대신하여 울부짖는 것 같았다.

<0807 집회: '나'에서 '우리'까지>

동국대학교 의예과 1학년
익명을 요구하셨습니다

8월7일 아침 8시 30분. 나는 동국대학교 의과대학 표지판 옆에서 동기들을 기다리고 있었다. 그때 내 앞으로 다가오는 사람이 있었다.

나는 선배님일지도 모른다는 생각에 말을 먼저 걸기 망설여졌다. 그분도 말을 걸기 망설여졌는지 가만히 계셨고 이윽고 그분이 먼저 나에게 "혹시 신입생이세요? " 라고 물었다. 나는 그렇다고 대답하였다.

그렇게 나는 입학한지 6개월 만에 처음으로 동기와 대면하였다.

여름방학이 시작될 때쯤 정부의 의료 4대 악법에 대한 강행 의지가 뉴스를 통해 보도되었다. 오랜 기간 반대의 목소리를 내었던 학생들은 이번에도 묵살된 채 정부의 강행 의지만을 확인하였다.

이에 의사 파업에 대한 구체적인 말이 오갔으며 어느새 7일 전공의 파업, 14일 의협 파업, 7일부터 14일까지 의대생들의 수업/실습 거부가 계획되었다.

비록 주요 언론에서는 의사 파업과 관련된 기사 한줄 보도되지 않는 상황이었지만, 우리는 최선을 다해 우리의 목소리를 보여주기 위해 준비하였다. 나 역시 단체 행동에 도움이 될 수 있게 노력하였다.

전공의 파업이 예정된 그 주 화요일. 본격적으로 자세한 단체 행동에 관한 내용이 알려지기 시작하였다.

사실 그 전까지 동기들을 한 번도 제대로 보지 못했기에 단체라는 말이 조금은 어색하였다. 하지만 그런 생각은 1시간도 채 못 가 사라졌다.

수업거부/실습거부에 대한 찬성 입장을 조사한 결과 90%를 넘는 거의 대부분의 학생들이 하나의 뜻으로 수업거부/실습거부에 찬성하였고, 그 뜻에 따라 우리 학교 역시 수업거부/실습거부에 동참하는 학교가 되었다.

이때 처음으로 소속감이라는 것이 느껴졌다. '나'라는 개인보다 '우리', '우리 학년', '우리 학번', '우리 학교' 등 단체라는 말이 익숙해지기 시작한 것이다.

다시 8월7일 아침. 집회 시작 시간에 가까워지자 갑자기 비가 쏟아졌다. 나는 우산도 제대로 쓰지 못한 채 양손에 서약서가 든 파일과 완장을 들고 비로 인해 젖은 문서를 정리하기 위해 정신없었다.

그때 문득 비 맞는 느낌이 없어졌다는 것을 느끼고 고개를 돌렸을 때 처음 내게 신입생이냐며 말을 걸어왔던 동기가 우산을 씌워주고 있었다.

사실 그때 우산을 씌워준 동기의 이름, 그 개인에 대해서조차 잘 모르는 상태였다.

하지만 그 순간 우리는 의예과 1학년, 동국의대, 더 나아가 예비의료인이라는 이름의 단체로 하나 되었다.

그렇게 우리는 단체가 되어 잘못된 것을 바로 잡기 위한 집회를 성공적으로 마무리하였다.

집회가 끝났지만 아직 악법을 주장하는 측에서는 우리의 목소리를 듣지 않고 있다. 누군가는 집회가 실패하였다고, 집회를 하는 줄조차 몰랐다고 할지도 모른다.

하지만 내가 본 8월7일 집회는 시작을 말하고 있었다. 누군가는 그 집회에서 앞으로 함께할 동료를 처음 만났고, 믿고 따를 수 있는 선배들을 처음 만났다.

8월7일 전의 여러 개인들은 8월7일 이후 하나의 단체가 되어 더 큰 목소리를 낼 것이고, 잘못된 것에 대해 당당히 말해 무슨 일이 있어도 바로 잡을 것이다.

나... 아니, 우리는 누구보다도 늦게 만났지만 8월7일을 기억하며 하나 되었다.

이어진 집회인 0814 집회에서 촬영한 사진입니다.

<미래의 환자분들께 드리는 편지>

동국대학교 의학과 2학년
조 묘 정

안녕하세요, 저는 동국대학교 의과대학/의학전문대학원 본과 2학년 조묘정입니다.

간단하게 제 소개를 하자면, 저는 늦은 나이에 수능을 다시 도전하고, 의학교육입문검사(MEET) 시험을 두 번이나 응시하며 갖은 노력 끝에 의대에 입학하게 되었습니다.

이렇게 긴 시간 동안 공부할 수 있었던 이유는 '사람 살리는 의사, 누군가에게 도움이 되는 사람'이 되고 싶은 간절한 꿈이 있기 때문입니다.

이는 제가 유독 사명감을 가져서가 아닙니다. 저희 동기, 선후배 모두가 이러한 꿈을 가지고 입학했습니다. 그 꿈 하나로 밤낮없이, 주말 없이 공부합니다.

부모님의 걱정에도, 친구들의 안타까운 눈빛에도 단언컨대 단 한 번도 의대 진학을 후회한 적 없습니다.

하지만 요 근래 쏟아지는 공공 의대 설립, 의대 증원, 첩약 급여화, 비대면 진료 등의 주먹구구식 정책들을 볼 때면, 과연 이러한 정책들이 우리의 꿈을 위한 옳은 선택인가 하는 깊은 회의감이 들곤 합니다.

아직 학생의 신분이라 많이 부족하고 아는 것이 적습니다.
하지만 단 하나, 제가 잘 안다고 자부하는 것은, 대부분의 의사 선배님들이 본인의 환자가 빨리 낫길 누구보다 간절히 바라며, 환자 걱정에 밤을 지새우며, 국민들이 화내는 파렴치한 의사들의 모습에 함께 격분하는, 지극히 평범한 사람이라는 것입니다.

의사이기 전에 사람이자 국민입니다. 어떠한 이익을 더 취하고자 욕심부리기만 하는 사람들이 아닙니다. 많은 분이 함께 울고 웃었던 드라마 '슬기로운 의사 생활' 속 의사들의 모습이 결코 드라마 속에만 존재하는 것이 아니라고 말씀드리고 싶습니다.

2020년 8월 7일, 공부밖에 모르던 전국의 의과대학 학생들이 수업을 거부하고, 환자밖에 모르던 전공의 선생님들이 환자를 둔 채 무거운 발걸음으로, 거리로 나왔습니다.

저희의 이런 투쟁이 많은 분들에게는 밥그릇 싸움처럼 보이는 것 또한 어느 정도 이해합니다.

저도 입학 후, 현실을 마주하고 나서야 단순히 '밥그릇 싸움'이 아니라는 것을 알게 되었습니다.

의사라는 백조가 환자를 위해 보이는 것보다 훨씬 더 많은 발장구를 치고 있었습니다. 왜곡된 의료현실 속에서 그 발장구는 너무나도 외롭고 버거워 보였습니다.

동네마다 의원들로 가득 차 있고, 세계에서 가장 빠른 시간 내에 그리고 가장 자주 의사의 진료를 받을 수 있는 곳이 대한민국인데, 정부는 의사의 숫자가 부족하다고 합니다.

지역의료 격차 해소와 기피과 인력난의 문제를 해결하기 위한 방법은 현 정부가 주장하는 '의사 수 증가'가 결코 아닙니다. 왜곡된 의료 체계에 의한 '분배'의 문제입니다.

근본 원인이 해결되지 않은 채, 단순한 '수'를 늘린다면면 의료체계의 악화만 가속될 것입니다.

몇 년 전, 의사협회의 반대에도 불구하고, 실시된 '문재인 케어'로 인해 건강보험이 큰 비용의 적자를 내고 있습니다. 그 당시에도 저희는 건강보험 적자가 불가피하다고 외쳤습니다.

이와 같은 우를 범하지 않고자, 이번에는 더 격렬하게 투쟁하고 있습니다.

이 투쟁이 단순히 저희의 이익을 위해서가 아닌, 사랑하는 우리의 가족, 친구들, 더 나아가 저희가 진료 보게 될 미래 환자분들의 안녕을 위한 것임을 꼭 기억해 주셨으면 좋겠습니다.

부탁드리건대 저희의 목소리에도 귀 기울여주십시오.
저희가 배운 대로 소신 있게 진료하고 싶습니다.
환자들의 눈을 보고, 아픔에 공감하고, 위로를 건네줄 수 있는, 따뜻한 의사가 되고 싶습니다.
보험 여부를 확인하기보다는 무엇이 이 환자에게 최선의 방법인지를 고려하고 싶습니다.

대한전공의협의회 성명서 일부를 인용하며 이만 마무리 하겠습니다.
"본 정책은 본래의 취지인 지역, 공공, 필수 의료 활성화가 아닌, 의료를 왜곡시키고 건강보험 재정을 고갈시키는 자승자박 정책입니다. 정책의 성공과 목표의 달성은 선한 의도만으로는 부족합니다. 정부는 지금이라도 다시 귀를 열고 젊은 의사들의 외침을 들어야 합니다."

<무엇이 국민을 위한 길인가>

동국대학교 의학과 2학년
익명을 요구하셨습니다

필자는 한의대를 졸업 후 의학전문대학원을 다니는 늦깎이 학생이다.
오랜 시간이 걸리는 일이지만 신념을 가지고 학업에 뛰어든 이유는 근거중심의학에 대한 열망을 가지고 있기 때문이다.

사람의 생명을 다루는 의사는 그 권한과 책임이 막중하다.
환자는 의사의 도움으로 생명을 구할 수도 있지만, 의사의 지식과 술기가 부족하다면 생명을 잃어버릴 수도 있다.

따라서 의사가 되고자 하는 모든 학생은 학부 교육을 통해 기본교육을 마치고 (혹은 예과를 거쳐) 4년간의 의학교육과 실습으로 그 책임을 다할 수 있도록 충분한 교육이 필요하다.

또한, 수련 과정을 통해 현대식 도제교육을 실천하는 것을 목표로 한다.
하지만 최근 정부의 행보를 보면 이러한 교육에 회의감을 느끼게 만드는 정책을 펼치고 있다.

현재까지 나온 정책안에 대해 살펴보겠다.

첫째, 무턱대고 의사 정원을 늘리는 것은 의료현황에 대한 깊은 고민이 없었음에 대한 반증이다.

표면적으로는 의사가 부족한 지방이나 특수 전문 분야 등에 의사 수를 충원할 계획이라고 하지만, 정원이 적은 의대를 놔두고 "공공" 의과대학을 순천과 포항 등 지방 곳곳에 새로 또 설립하려는 선언은 그 목표가 무엇인지에 대해 의문을 갖게 한다.

의사 수 정원에 대한 정부안을 보면 연간 400명 정도의 의대 정원을 늘려 10년간 4,000명을 증원할 계획을 하고 있다.

정부는 의사 수를 늘리고 낙수효과로 지역 간 불균형을 해소할 수 있다는 막연한 믿음을 가지고 있는 것 같다.

하지만 행정적인 문제가 먼저 개선되지 않는다면 현재의 바이탈과의 기피 현상, 지방 근무 기피 현상은 계속될 것이다. 결과적으로 의사들의 미용 관련 의료로 치우치는 부분도 많아질 것이다.

우리나라의 급여체계는 기형적으로 그 수가가 낮아 환자들은 심각하지 않음에도 상급종합병원을 먼저 찾기도 할뿐더러 급여진료는 많이 할수록 손해가 난다.
이를 메꾸기 위해 장례식장이나 매점, 호텔 등의 의업이 아닌 사업을 통해 손실을 보전하는 구조로 운영되기도 한다.

정말로 지역 간 불균형과 기피과에 대한 문제를 해소하고픈 의지가 있다면 막연히 의사의 수 자체를 늘리는 것 보다 의료진의 처우 개선과 비정상적인 건강보험 수가 구조를 먼저 해결하는 것이 당연한 순서일 것이다.

둘째, 현재 시범사업으로 진행되는 첩약급여는 안면신경마비, 뇌혈관질환 후유증, 월경통 3개 분야를 특정하고 있어 보장범위가 제한적인 데 반해,
해당 질환에 대한 첩약의 표준화가 이루어지지 않아 한의원급에서 급여화를 적용한다 해도 현재 방법으로는 시범사업의 통계적 유의성을 얻기 어렵다.

예를 들어, 안면신경마비 환자에 대해 사용하는 처방이 10가지라면 그 처방에 약재들을 추가하여 가감방을 만들어 활용하는데, 해당 약재를 추가하거나 빼는 방법은 한의사마다 각각 다르게 쓰기 때문에 수십~수백 가지의 다른 처방이 나올 수 있다.

만여 곳이 넘는 한의원급에서 각각의 처방을 다르게 낸다면 시범사업을 하더라도 첩약 제제의 효과성이나 독성을 정확히 파악하기 어렵다.

그럼에도 첩약급여를 시범사업으로 시행함으로써 한의사에게는 약간의 회유책을 쓰는 것이겠지만, 의사에게는 큰 반발을 일으켜 추후에 협상용 카드로 쓰려는 전략일 것이다.

지난 수십 년간 보건복지부에서는 의사에게 자신들의 목표를 달성하기 위해 직역 간의 싸움을 일으키는 것이 기본 전략이다. 서로 간의 싸움을 구경하면서 웃고 있을 보건복지부의 뻔한 전술에 휘말리지 않길 바란다.

셋째, 원격의료를 시행하기 위해 비대면 진료의 길을 터주려 하고 있다.

비대면 진료는 원격의료의 일종으로, 단순히 의료진끼리의 기술자문이나 환자의 상태 체크가 아니라 환자의 질환을 진단하고 처방, 치료하는 부분까지 포함하고 있다.

하지만 환자를 진단하기 위해서는 진료 당시의 혈압이나 맥박 등의 vital뿐만 아니라 현재 상태의 초음파 영상이나 X-ray, CT, MRI가 필요하다. 또한, 질환에 따라 청진 또는 촉진이 필요한 경우도 있고, 가능성이 떨어지는 질환을 감별해내는 역할이 필요하다.

정부에서는 이러한 현실을 알면서도 외면한 채 일단 비대면 진료부터 시작해보라고 하고 있다. 현재는 비대면 진료를 통해 얻을 수 있는 정보는 문진 정도이기에 오진의 확률이 높아질 것이다. 시설이나 시스템이 준비되어있지 않은 상태에서 비대면 진료를 강행하는 것은 국민의 건강에 위해를 가하는 행동이며, 비대면 진료에 의한 피해는 환자가 오롯이 받게 되는 것이다.

국민의 건강과 모두에게 올바른 의료제도를 만들려는 목표는 정부와 의사, 국민의 뜻이 다르지 않을 것이다.

한정된 자원에서 어떤 방안이 가장 합리적일지에 대해서는 각 분야에서 의견이 다르겠지만, 최소한 전문가 집단인 대한의사협회와 세부적인 방안을 협의하였다면 의사들이 단체행동까지 일으키지는 않았을 것이다.

이 이상의 소모적인 분쟁을 막을 의지가 있다면 정부는 지금이라도 협의를 하여 무엇이 국민에게 가장 도움이 되는지 고민해야 할 것이다.

<너 자유 문제 있어?>

동국대학교 의학과 2학년
이 종 민

2010년 1월 18일 나는 육군 의무병으로 입대하였다.

기본 훈련과 의무병 후반기 교육 후에 논산 지구병원에 배치되었다.
의무병으로 복무하며 가장 많이 느낀 것은 군병원이 민간병원에 비해서 의료의 질이 떨어진다는 것이다. 분명 군병원의 의사들은 얼마 전까지 민간병원에서 수련을 받으며 민간의료를 수행하고 있던 의사들이었음에도 말이다.

나는 이 경험에 비추어 시스템의 차이가 어떤 결과를 낳는지 비교해보려고 한다.

병사나 장교들이 훈련 중 다치게 되면 본인의 선택에 따라 군병원에서 치료하거나 본인의 휴가를 써서 외부 민간 병원에 가서 치료할 수 있다. 군에 다녀온 사람들은 알겠지만 병사에게 휴가는 정말 황금과 같은 것이다. 군병원에서 무료로 치료받을 수 있음에도 꽤나 다수의 병사가 본인의 휴가를 사용하여 유료로 민간병원 치료받기를 선호한다.

이는 병사들이 군병원보다 민간병원을 더 신뢰한다는 뜻이다. 왜 이러한 현상이 일어나는지 그 이유는 간단하다. 군병원에 복무하는 의사는 '의무적으로' 일하고 민간병원에 근무하는 의사는 '자유 의지로' 일하기 때문이다.

인간은 역사적으로 개인들의 자유를 위해 싸워왔다. 자신의 의지가 아닌 남의 의지로 살아가는 인간들은 불행하고 효율적으로 살 수 없다.

특히 본인의 진로를 결정하는 데 있어서 어떠한 길을 강요받는 것은 누구도 원하지 않을 것이다.

이에 현재 정부가 추진하고 있는 공공 의대 정책은 인간의 본성에 반하는 것이고 우리나라 실정에도 맞지 않는 정책이라고 할 수 있다.

하지만 기피하는 분야의 의사는 분명 필요하다.
그렇다면 의무화하는 방법이 아니라 우리나라 실정에 맞게 기피하는 분야로 유능한 인재가 자유의지로 가게 만들 방법이 없는 것일까.

다음은 우리나라 헌법 제9장 경제 부분의 첫 번째 조항이다.

〈헌법 제119조〉
① 대한민국의 경제 질서는 개인과 기업의 경제상의 자유와 창의를 존중함을 기본으로 한다.

우리나라는 자유 자본주의 국가이다. 자본이 가는 곳에 사람이 간다. 기피하는 분야에 자본을 투자하면 너도나도 갈 것이다.

왜 의료계에는 헌법에도 나와 있는 경제상의 자유와 창의를 존중해주지 않고 언제까지 감성에 기대어 의인 이국종만을 바랄 것인가.

기피를 선호로 바꾸기 위해서는 처우를 개선하는 시스템의 변화가 절실하다.

처우 개선이 없이 이상적인 생각만을 가지고 실행한 정책의 실패는 사실 과거에 이미 입증되었다.

이 또한 내가 그 속에서 직접 겪고 체감한 것이다. 그것은 바로 내가 속해 있는 의학전문대학원(이하 의전원)이다.

의전원 정책의 최초 이상적인 취지는 여러 분야의 전공자들을 모집하여 기초의학 전공자를 늘리고자 함이었다.

하지만 화학과와 생물학과 등의 기초과학 전공자 중 우수인력들이 모두 의전원으로 빠져나가기만 하였고 임상의사 비율이 더욱 증가하였다.

그리고 나 또한 임상 의사를 꿈꾸고 있다.

애초에 의전원 시험 자체가 생물과 화학으로 이루어져 있으므로 생물학과, 화학과 등 기초과학을 전공하는 사람들이 유리했고 많은 지원과 합격이 이루어졌다.

기초과학에서 비전을 찾을 수 없는 똑똑한 인재들이 제 살길을 찾아간 것이다. 기초과학을 버리고 온 사람들이 기초의학을 전공할 리 만무한 것이다.

어떤 분야의 발전을 꾀한다면 그 분야의 환경을 좋게 개선하는 것이 올바른 방법이다.

정부는 우리나라의 기본 체제를 무시하고 인간의 자유의지에 반하는 정책은 버리고 현실적이고 합리적인 정책을 펼치길 바란다.

<0807 집회 Behind Story>

동국대학교 의학과 2학년
손 대 진

Q1. 집회에 참여한 동국대학교 학생이 몇 명인가요?

동국대학교 학생 중 대구에 189명 서울에 95명 제주도에 2명, 광주에1명 총 287명이 참석했습니다.

대구에서는 가장 많은 인원이 참여한 학교였고 서울에서도 다른 학교에 비해 많이 참여한 학교에 속했습니다.

우리 학교의 정원이 적고 대구와 서울로 나뉘었다는 것을 고려했을 때 엄청난 숫자가 참여했다고 할 수 있겠습니다.

Q2. 집회 준비 기간이 짧았습니다. 집회 준비는 힘들지 않으셨나요?

우리 학교가 전면적 수업/실습 거부가 수요일에 결정되어 금요일 집회를 준비하기까지 빠듯하기는 했습니다.

그러나 집회 준비에 있어서 그렇게 힘들지는 않았습니다.

바로 TF팀 덕분이죠! 모든 학번에서 자발적으로 모인 학생분들로 TF팀이 꾸려졌습니다.

학생회에서 전체적인 계획과 필요 물품들을 정하면 그 세세한 부분을 TF팀이 메꿔주셨습니다. 학생회가 밑그림을 그리고 TF팀이 색칠했다고 말할 수도 있겠네요.

TF팀이 없었다면 아마 집회를 제대로 준비하지 못했을 겁니다. TF팀에게 감사의 말씀 드리고 싶습니다.

Q3. 집회 당일에는 대구에는 비가 많이 왔다고 들었습니다. 많이 당황하셨을 것 같은데요?

집회 당일 경주에서는 학생들과 함께 버스를 타고 가기로 되어있었습니다.

학생회가 출발 예정 시간보다 앞서 집결 장소에서 기다리고 있었는데 갑자기 비가 한두 방울 떨어지더라고요. 그러다 빗방울이 굵어져 학생분들이 버스를 탈 시간이 되자 폭우가 내렸습니다.

그 순간 눈앞이 아득해졌었지만 여기서 정신을 놓아버리면 큰일이 날 것 같아 무엇에 이끌리듯 일을 했던 것 같습니다. 우리가 좀 더 침착하고 신속하게 대응했더라면 학생분들이 좀 더 편리하고 쾌적하게 이동할 수 있었을 터라는 아쉬움이 남습니다.

그런 와중에도 학생분들께서 저희를 이해해주시고 응원해 주셔서 많이 감사하고 미안한 마음이 컸습니다.

또 막상 경주에 돌아오니 비가 딱 그치길래 날씨가 참 야속하다는 생각도 들더라고요. 다음 집회 때는 제발 비가 안 오길 바라고 있습니다.

Q4. 서울에는 비는 안 왔지만, 인파가 너무 몰렸다고 하더라고요.

서울 여의도공원에 거의 15,000명 이상의 사람들이 모였었습니다.

그 넓은 도로가 사람으로 꽉 차서 넘치더라고요. 원래 집회 측에서 예측했던 집회구역이 사람들을 다 수용하지 못해서 대부분의 의과대학 학성들은 집회구역 밖에서 집회에 참여한 것으로 알고 있습니다.

우리 학교의 경우 운 좋게 전공의 선생님들 뒤에 줄을 빨리 잘 서서 전공의 선생님들이 들어가시고 거의 바로 따라 들어가 집회구역에 들어갈 수 있었습니다.

그렇게 들어갔어도 전공의 선생님들께서도 워낙 많이 참여하셔서 맨 앞은 거의 하나도 안 보일 정도였습니다.

Q5. 집회 현장에선 다른 학교에서 보지 못한 팸플릿이나 현수막이 눈에 띄었어요. 완장도요!

동국대학교에서 현수막과 팸플릿을 자체 제작해서 서울 대구 집회에 가지고 갔었습니다.

서울집회에서 저희가 현수막을 펼칠 때 전공의 선생님들께서 동국대학교를 향하여 손뼉쳐주시던 모습은 아직도 기억에 남네요.

완장은 코로나로 인해 아직 한 번도 학교 행사에 참여하지 않은 예과 1학년 학생들을 위해 제작했습니다.

아직 서로 얼굴도 익지 않았고 이러한 집회에도 참석해본 것이 처음일 학생들을 위해 완장을 착용하는 것이 어떻냐는 아이디어가 학생회어 서 나왔거든요.

다른 학교 학생들도 그 완장을 보고 부러워했다는 소문을 들었습니다.

이 모든 것들은 TF팀이 없었다면 불가능했을 겁니다. TF팀이 학생회에서 낸 아이디어를 실현해주셨어요. 다시 한번 TF팀께 감사의 말씀 드립니다.

<0807 집회 Behind Story>

동국대학교 의학과 2학년
손 대 진

Q6. 집회 과정에서 기억이 남는 장면이 있나요?
서울집회에서 저희가 앉아 있는 바닥이 상당히 뜨거웠어요. 그래서 학생들이 앉아 있는 데 불편함이 있었는데 본과 4학년 선배님들께서 방석을 그 자리에서 사서 나눠 주셨어요.

학생들이 방석을 찢어서 최대한 많은 사람이 나누어 사용하는 모습을 봤는데 너무나도 그 모습이 아름답고 뭉클했다고 해야 할까요. 개인적으로 큰 감동이었습니다.

Q7. 8월 14일에 한 번 더 집회가 있다고 들었습니다. 앞으로의 계획은요?
8월 14일에 의협에서 주관하는 집회가 있습니다.
우리 학교도 이번 집회와 마찬가지로 상당한 인원수가 참여할 것 같습니다. 이번 경험을 토대로 학생들이 조금이라도 더 만족할 수 있도록 노력하겠습니다.

8월 14일에는 의협에서 주관하는 집회뿐만이 아니라 동국대학교 의과대학/의학전문대학원 자체적으로 경주역 앞에서 릴레이 시위를 진행할 예정입니다.

학생회 내부에서도 정말 열심히 준비하고 있으며 학생들이 정부와 국민께 목소리를 낼 수 있도록 학생회는 최선을 다하겠습니다.

이번 집회에 참석해주신 모든 학생 여러분께 감사의 말씀을 드리고 싶습니다.
감사합니다.

Chapter

7

다 하지 못한 말

1. 코로나가 '절호의 기회'입니까?

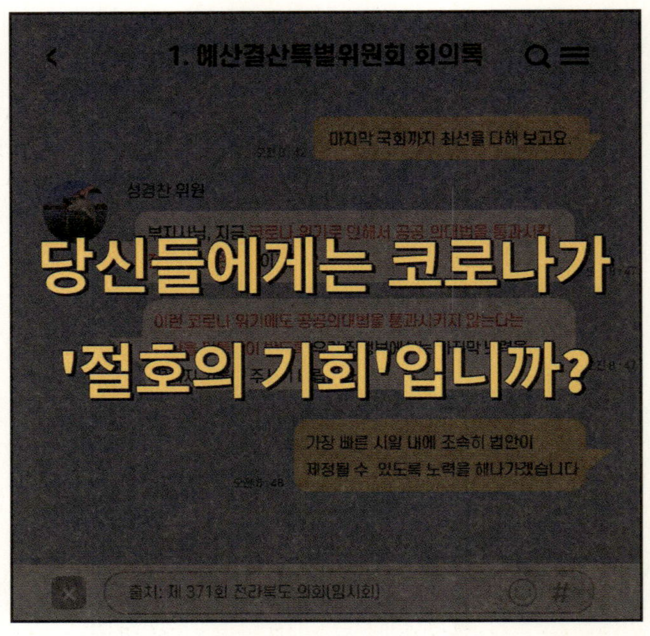

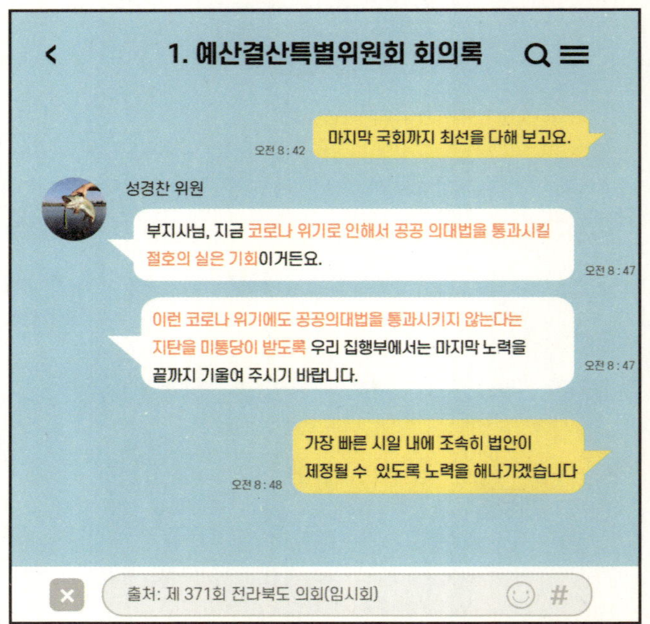

1. 제11대-제371회-제1차-예산결산특별위원회-2020.05.04. 월요일
2. 제344회 전라남도의회 임시회 제 1호 보건복지환경위원회회의록 -2020.07.15. 수요일
3. 제11대-제360회-제3차-환경복지위원회-2019.02.15. 금요일

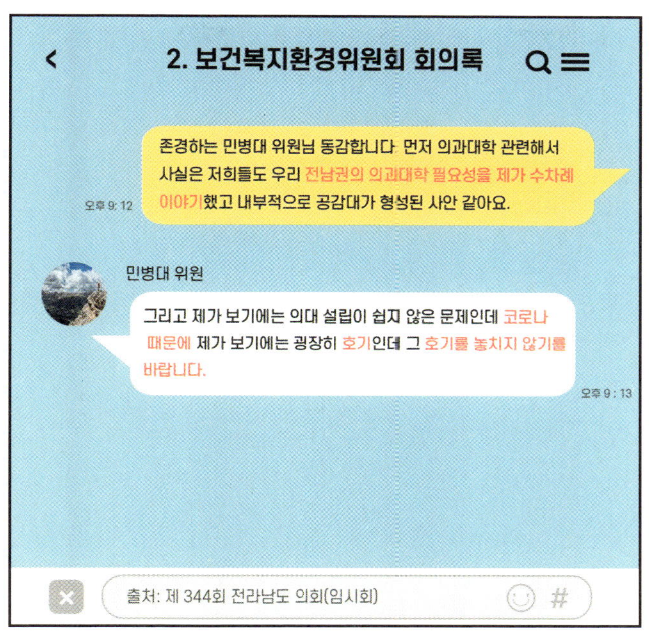

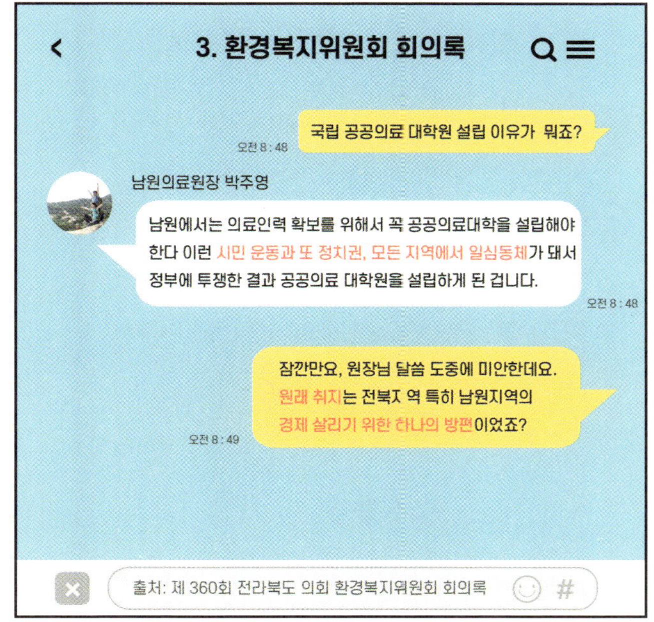

1. 코로나가 '절호의 기회'입니까?

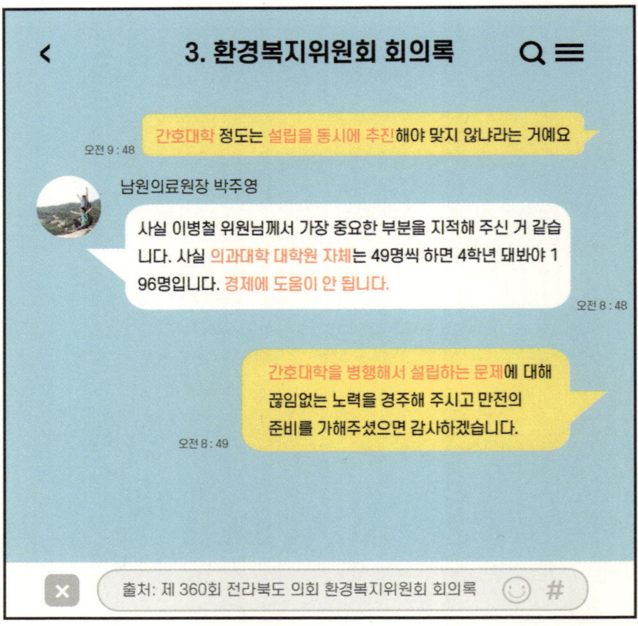

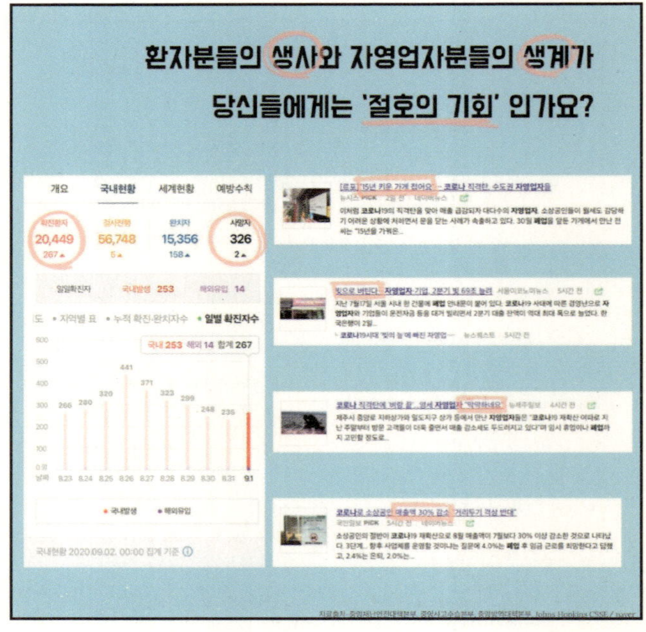

해당 카드 뉴스는 동국대학교 의과대학/의학전문대학원과
경상대학교 의과대학이 함께 제작하였습니다.

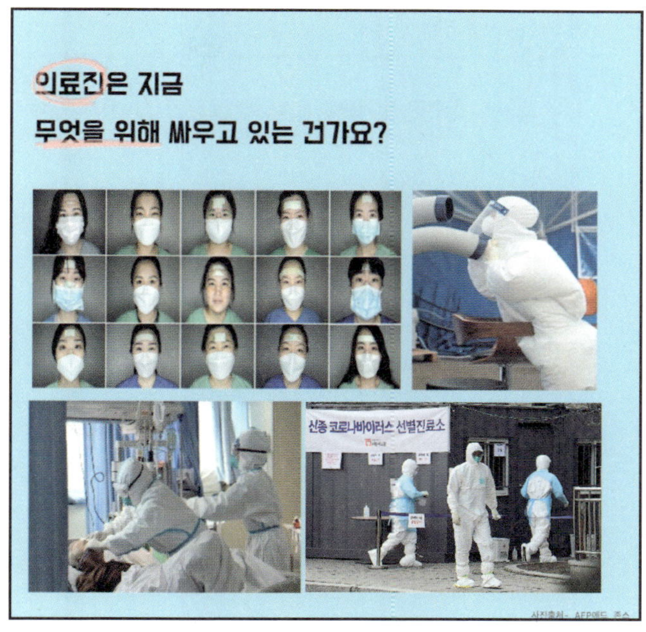

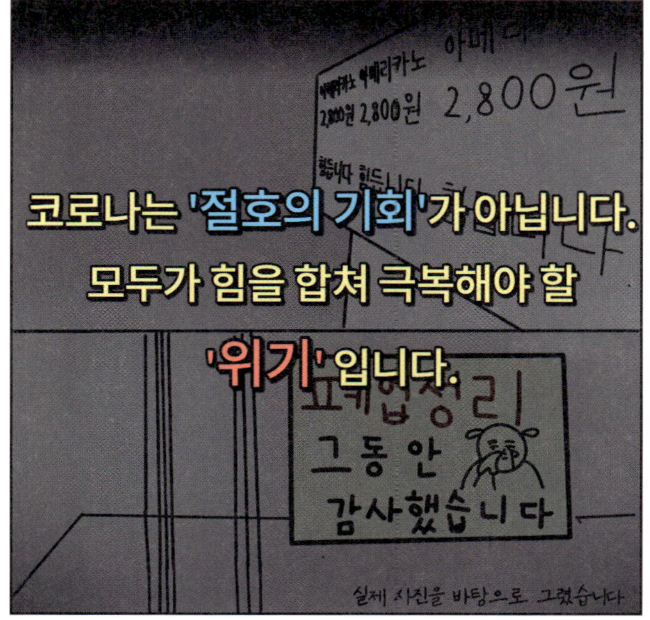

2. 강제 동원에 주의하세요

재난 및 안전관리 기본법 일부개정법률안 (2020.08.24)

현행법상 재난관리자원에 '인력'을 포함하여
코로나19와 같은 재난 시 의료인력 등
인적자원을 효율적으로 활용하기 위함

☞ **사실상 재난 시 의료인력 강제동원 입법안**

대화와 타협 없이는
나아갈 수 없다던 정부
지금은 왜
모든 것을 강제하려 하나요?

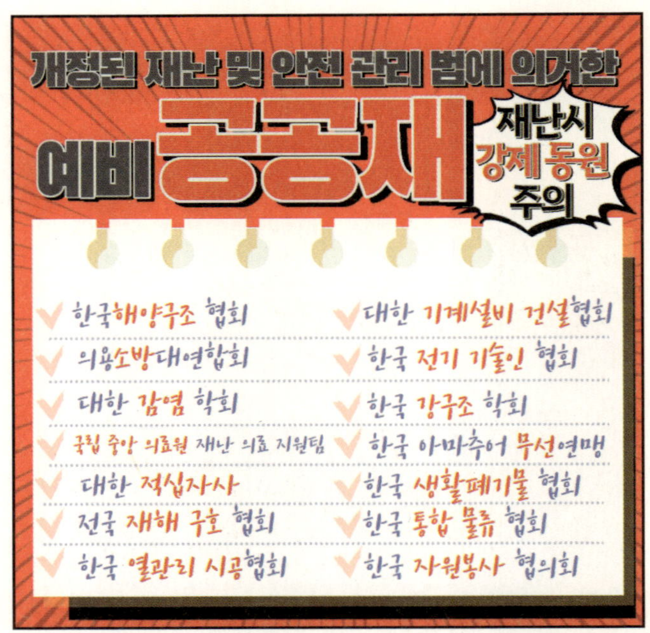

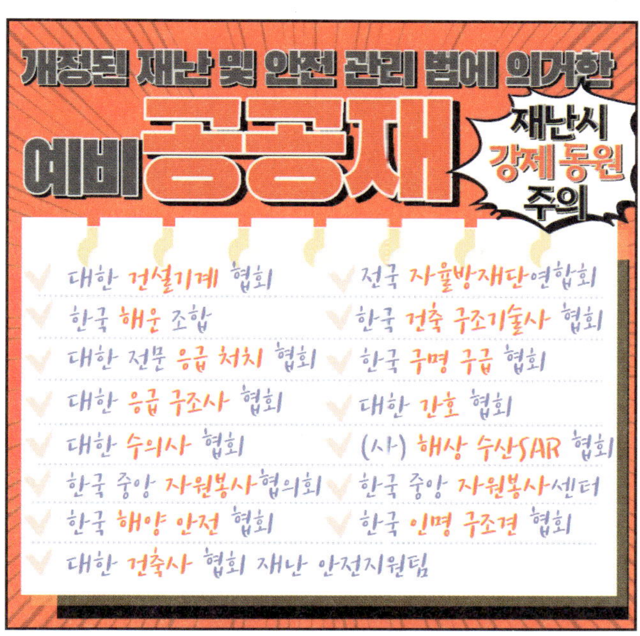

한국 의사 수가 부족하다?

"북한에 보낼 의사 수" 가 부족합니다

POINT 1

더불어민주당 황운하 의원

재난 및 안전관리 기본법 일부개정법률안

(의안번호: 2103223)

-재난관리자원에 '인력'을 포함시킴

-지정된 인력은 체계적으로 관리 및 활용할 수 있도록 재난관리자원 공동활용시스템에 등록될 수 있음

-구체적인 인력은 대통령령으로 정함

→ **재난 시 민간 의료 인력을 재난 현장에 강제 동원할 수 있는 법률안**

2. 강제 동원에 주의하세요

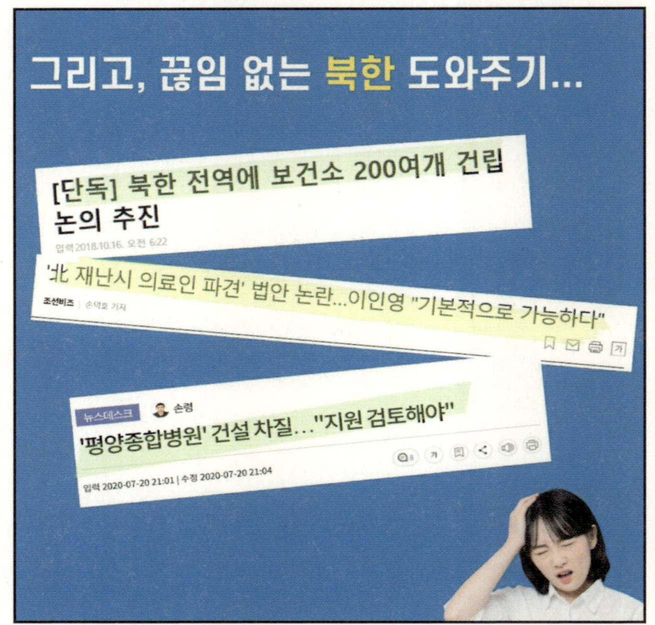

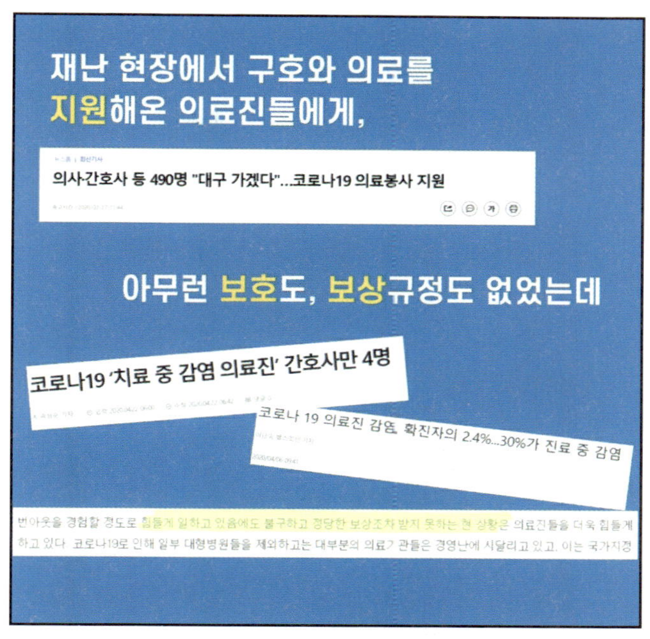

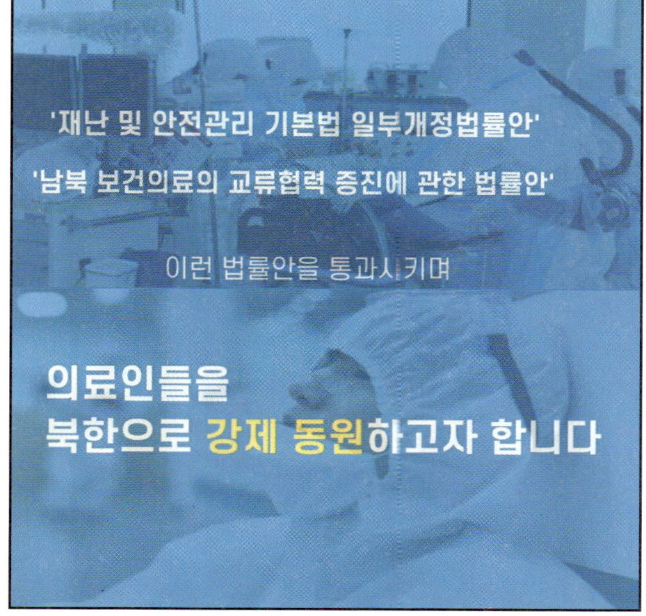

이외에도 의학교육평가인증 없이 교육부 장관이 기존 대학에
의학, 치의학, 한의학과 신설을 허용하는 의료법 개정안 등 다양한 정책이
발의되고 있는 실정입니다.

3. 시위에 참여하다

선배 및 후배들께 부끄럽지 않을 수 있는 기회를 주셔서 감사합니다. (의학과 2학년 이근우)

8월 14일, 시위에 참여한 동국대학교 의과대학/
의학전문대학원 재학생의 모습입니다.
예과 1학년부터 본과 4학년까지 6개 학년 261명이 참여하였습니다.

'사회문제에 대한 무관심, 정치적 참여율 저조, 세상물정 모르는 헛똑똑이'
의대생, 의사라면 공감할만한 우리들, 선배들의 자화상입니다.

20년만의 전국적인 의료인 파업과 의대생들의 수업 거부입니다.
펜과 책을 놓고 피켓과 현수막을 들게 된 저희들의 목소리를 들어주세요.

충분한 논의와 고려 없이 세워진 의료 정책의 피해는 결국 우리 모두에게로 돌아옵니다. 쉽지 않은 싸움을 시작한 저희에게 관심과 지지를 보내주시길 간곡히 부탁드립니다. 감사합니다.

"'펜' 대신 '피켓'을 든 지금만큼은, '의사(醫師)' 대신 '의사(義士)'가 되고 싶습니다. 그 항쟁의 끝엔 반드시 승리가 있도록, 동국의대인으로서 함께 하겠습니다." (의학과 1학년 박가은)

4. 선한 영량력

"우리의 선행이 따스한 봄바람처럼 국민들의 마음에 진실성 있게 와닿기를 바랍니다."

(의학과 2학년 현낙호)

126명의 재학생이 헌혈 릴레이에 참여해주셨고 208개의 헌혈증을 전달하였습니다.

71명의 재학생이 봉사 활동에 참여해주셨습니다.

김보규, 김원영, 박상규, 배진오, 손대진, 유재일, 장용수, 한승민, 현낙호 학우분께서

장기 기증 서약을 하셨습니다.

졸업생 황삼성 선배님께서 동국대학교 의과대학에 시신 기증 서약을 하셨습니다.

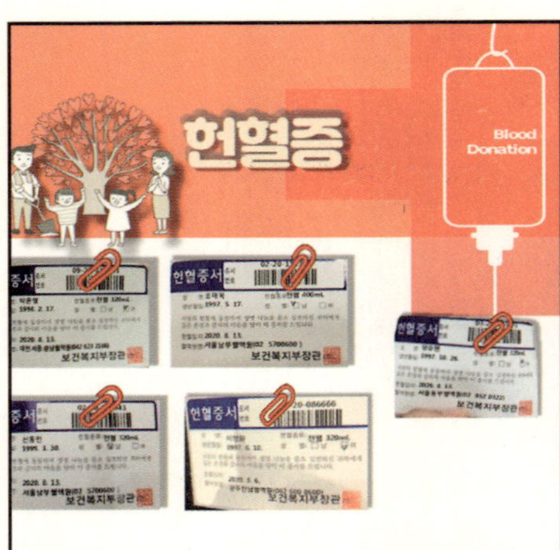

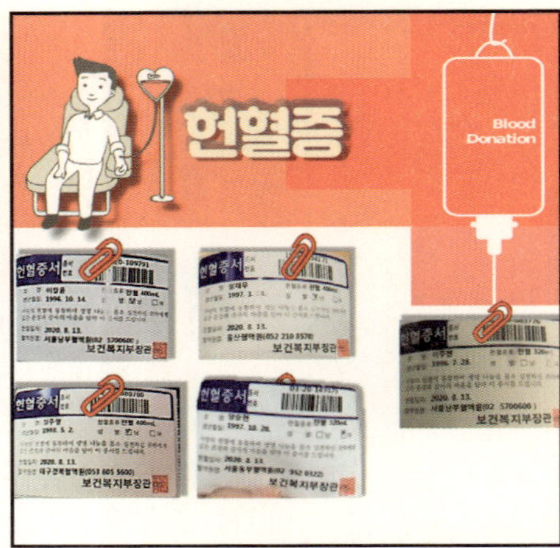

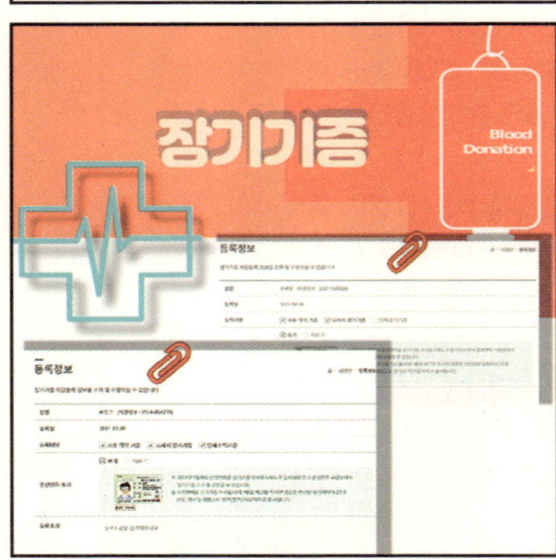

시신 기증
Blood Donation
등록번호 : 동경의 2020-
시신기증등록증
성 명 황삼성
생 년 월 일
주 소
이 사람은 사망 후 자신을 동국대학교 의과대학에 기증하기로 등록하였습니다.
동국대학교 의과대학장

봉사활동

봉사활동

봉사활동

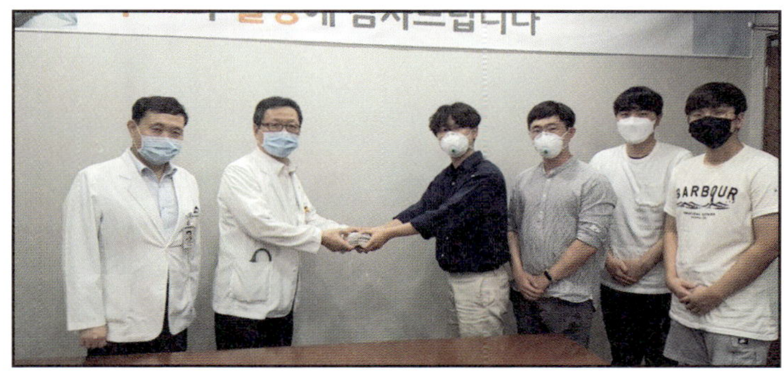
BARBOUR

5. 맺음말

2020년 8월 7일, 저희는 정부에서 추진하는 의료 정책에 대한 우리의 목소리를 내고자 '책'을 내기로 뜻을 모았습니다. 편집을 마무리하여 맺음말을 쓰고 있는 지금 이 시점이 8월 20일이니 불과 14일만에 책이 완성된 것입니다.

부족한 시간이지만 내용은 결코 부족하지 않게 담았습니다. 저를 도와 이 작업에 동참해주신 모든 동기 분들과 선후배 분께 진심으로 감사드린다는 말을 건네고 싶습니다. 특히 저를 도와 수면 시간을 제외한 거의 모든 시간을 작업에 바친 김혜인, 정재한 동기분께 다시 한번 고맙다는 말을 전하고 싶습니다.

14일이라는 시간이 제게는 참으로 길고도 혼란스러웠습니다. 저희와 함께해주신 모든 분들도 비슷한 마음일 것이라 생각합니다. 일부 교수님의 반대를 무릅쓰고 전면적인 수업 거부가 이루어졌고, 수차례 집회에 참여하였습니다. 8월 25일부터는 전국의 의과대학/의학전문대학원 재학생이 금번의 의료 정책에 반대하고자 동맹 휴학을 결의하였습니다.

처음 사흘 동안은 이 작업을 함께할 사람을 구하고자 하루 종일 전화기를 손에서 놓지 못했습니다. 아무 것도 준비되지 않은 프로젝트에 동참해달라고 막무가내로 말을 꺼냈습니다. 흔쾌히 도움을 주시겠다는 분도 계셨고, 고민 끝에 참여하신 분도 계셨습니다. 과정이 어떠했든, 한 분 한 분 참여해주시기로 결정하신 분이 늘어날 때마다 프로젝트는 점차 얼개가 잡히고 구체화되었습니다. 혼자였으면 절대로 이 일을 끝내지 못했을 것입니다. 함께했기에, 우리는 해낼 수 있었습니다.

20년만에 전국의 의사와 의대생이 목소리를 모았습니다. 수업을 거부하고, 휴학계를 제출하고, 국시 응시를 거부했습니다. 우리를 옥죄는 압박은 점점 강해지고, 곳곳에서 우리가 잘못한 것이라는 보도가 끊임없이 이어집니다. 두려움이 없다면 거짓일 겁니다. 그러나 이것이 잘못된 정책 추진을 막을 수 있는 마지막 방법이기에, 우리는 함께 이 길을 걸어갑니다.

앞으로 나아갈 수 있는 것은 우리 자신뿐입니다.

올바른 방향이 무엇인지는 우리 스스로 알고 있습니다.

2020년 8월 20일

김 보 규 올림

거리로 나오게 된 의대생
NOT FOR US JUST FOR ALL

첫째판 1쇄 인쇄 2020년 9월 23일
첫째판 1쇄 발행 2020년 9월 26일

지은이 김보규 외 70인
발행처 조윤커뮤니케이션
발행인 최몽순
편집인 동국대학교 의과대학/의학전문대학원 편집부
책임편집 김보규

주소 서울 종로구 삼봉로 81 두산위브 파빌리온 703호
전화 02)730-8841
팩스 02)730 8841
출판등록 제2-3307호
등록일자 2001년 4월 13일

ISBN 978-89-91216-98-3
값 12,000원

* 파본은 교환하여 드립니다.